中等职业教育规划教材 ZHONGDENG ZHIYE JIAOYU GUIHUA JIAOCAI

语文课堂 生命教育

杨妮妮 ◎ 主编

矫秀萍 ◎ 副主编

卢中冀 黄雪莲 鹿世闯 ◎ 编委

Yuwen Ketang

Shengming Jiaoyu

人民邮电出版社

北 京

图书在版编目（CIP）数据

语文课堂生命教育 / 杨妮妮主编. -- 北京 ：人民
邮电出版社，2014.9
中等职业教育规划教材
ISBN 978-7-115-36694-8

Ⅰ．①语… Ⅱ．①杨… Ⅲ．①语文课—中等专业学校
—教材 Ⅳ．①G634.301

中国版本图书馆CIP数据核字(2014)第184038号

内 容 提 要

　　本书以生命教育为主线，梳理现行语文教材中与生命有关的元素，确定生命意识教育、挫折教育、感恩教育与幸福观教育、平等意识教育与可持续发展教育 4 个主题，设立悦纳自我、珍惜生命、直面挫折、超越人生、爱的养料、幸福基石、平等尊重、精神成长 8 个专题，每一专题都选择一篇现行语文教材中的课文和一篇可与之比较的名家美文，进行比较阅读。让学生在阅读与思考中、在交流和实践中，学会珍爱生命、欣赏生命，感恩生命、成全生命，尊重生命、敬畏生命，享受生命、发展生命。

　　本书适合作为中等职业院校语文及相关课程的教材，也可供广大读者学习使用。

◆ 主　　编　杨妮妮
　　副 主 编　矫秀萍
　　责任编辑　桑　珊
　　责任印制　杨林杰

◆ 人民邮电出版社出版发行　　北京市丰台区成寿寺路 11 号
　　邮编　100164　　电子邮件　315@ptpress.com.cn
　　网址　http://www.ptpress.com.cn
　　北京鑫正大印刷有限公司印刷

◆ 开本：787×1092　1/16
　　印张：7.25　　　　　　　　2014 年 9 月第 1 版
　　字数：138 千字　　　　　　2014 年 9 月北京第 1 次印刷

定价：19.00 元
读者服务热线：(010)81055256　印装质量热线：(010)81055316
反盗版热线：(010)81055315

前言

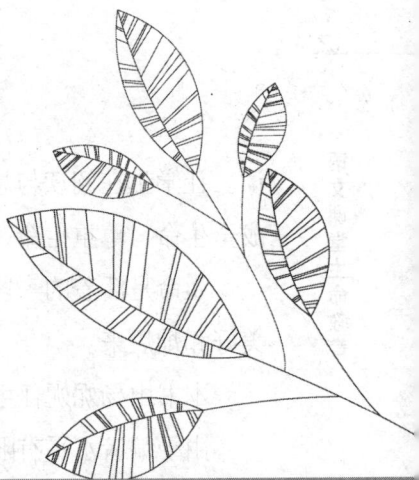

每个人都拥有一样最宝贵的东西，那便是属于自己的生命。生命是由父母给予我们的，可是，渐渐长大成熟的我们，是否能够珍惜自己的生命，欣赏生命的美丽？是否能够发现生命的意义和价值，享受生命的快乐和幸福？

翻开报纸，打开电视，登录网络，生命逝去的悲惨故事几乎每天都在上演。无常的自然灾害，不期的意外事故，绝望的自杀和处心积虑的他杀，这些都能让脆弱的生命之花瞬间凋零，让华美的生命乐章戛然而止。每一个生命的消失都让人痛心疾首，扼腕叹息。

这些都是我们耳闻目睹的生命悲剧，其实有些悲剧是我们觉察不到的，有些生命的伤害是悄然发生的：因为不当的追求而损害健康，因为生活的挫折而选择消沉，因为情感的荒芜而感受不到幸福，因为没有生活目标而浪费时间和生命，这样的事情随处可见。

印度诗人泰戈尔说："教育的目的是向人类传送生命的气息。"长期以来，我们追求知识的掌握、智能的发展和学业的成功，而缺少对人的生命、生存和生活的关注，缺少对个体心灵的关注。其实，不论毕业于怎样的学校，不论受到何种教育，我们都得面对生活，回到生命本身。因此，以人的生命为起点和终点的教育，是我们真正需要的教育。我们不仅要学习如何考试，如何升学，如何择业，更要学习如何安全地生存，如何跨越人生的障碍，如何迈向生命的幸福、充实和圆满。

为了倡导生命的教育，提升中职学生的生命意识，我们编写了这本《语文课堂生命教育》，旨在以生命教育为主线，以人的自然生命、精神生命和社会生命三个层次为依据，梳理现行语文教材中与生命有关的元素。本书确定生命的 4 大主题，设立 8 个专题，每一专题都选择一篇现行语文教材中的课文和一篇可与之比较的名家美文，进行比较阅读。让学生在阅读与思考中、在交流和实践中，学会珍爱生命、欣赏生命，感恩生命、成全生命，尊重生命、敬畏生命，享受生命、发展生命。

生命是活着的一段历程，既然活着，就不妨好好地活，活出滋味来，活出作为人的美好和灿烂来。

本书由杨妮妮任主编，矫秀萍任副主编，参加编写的还有卢中冀、黄雪莲、鹿世闯。

由于编者水平有限，书中难免存在错误和不妥之处，敬请广大读者批评指正。

编者

2014 年 7 月

语文课堂生命教育主题设计架构

生命教育总目标	生命教育内容	专　　题	选编课文	品质重点	课时安排
1. 让学生认识生命、热爱生命、珍惜生命	生命意识教育	悦纳自我	《我很重要》《如果我是你》	自知自信	两课时
		珍惜生命	《我的四季》《生命的列车》		两课时
2. 提高学生抗挫折能力，培养学生乐观向上的心理品质	挫折教育	直面挫折	《石缝间的生命》《奋斗》	耐挫自强	两课时
		超越人生	《我的梦想》《请给我一分钟》		两课时
3. 培养学生感知爱和幸福的能力	感恩教育 幸福观教育	爱的养料	《十八岁和其他》《天国来信》	感恩知足	两课时
		幸福基石	《面朝大海，春暖花开》《幸福，告诉我们的孩子》		两课时
4. 促进学生人格健全发展	平等意识教育 可持续发展教育	平等尊重	《十首足矣》《让教育充满生命情怀》	博爱发展	两课时
		精神成长	《生命中的大石头》《精神的三间小屋》		两课时

目录
Contents

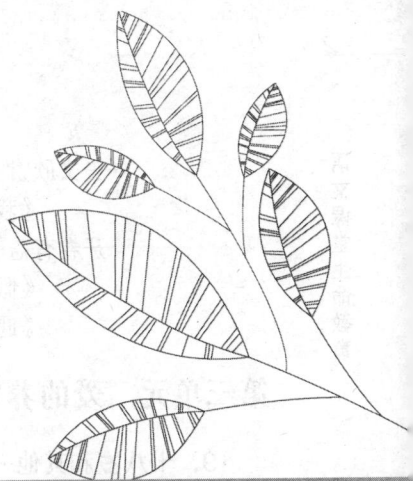

第一单元　悦纳自我　珍惜生命

　　亲爱的同学们，告别了懵懂稚嫩的昨天，带着憧憬和期待，我们步入了绚丽多姿又变幻不定的青春季节。经历了中考的洗礼，也许你觉得未来充满彷徨和迷茫，但我们的生命依然渴盼成长，从身体到心理，从思想到行为，在人生的蜕变中，让我们拨开迷雾，认识自我，明确生命存在的意义。

　　在浩瀚的岁月长河中，你可能觉得自己是一滴普通的水珠，地位卑微，身份渺小，但你依然可以响亮地向世界宣告：我很重要。因为自信的风可以掀起壮丽的浪花。

　　在繁茂的社会丛林中，你可能觉得自己是一株无人知道的小草，没有花香，没有树高。你要接受不完美的自己，从自我欣赏开始，将自卑的字句从生命中一一扫除。

生命，如同变换的四季。春天播下希望的种子，夏季给予辛勤的浇灌，秋天有丰硕的收获，而到了生命的冬天，才可以回味这完满的人生。

生命，是一次无法回头的搭车旅行。亲人和朋友与你同行，一起欣赏无限风景，一起演绎幸福和悲伤。无论经历了什么，人生都不能重回起点，所以请珍惜生命中的每一段时光。祝你旅途愉快！

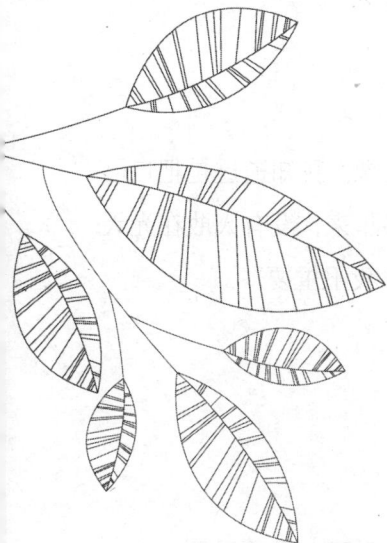

1

我很重要①

毕淑敏

📖 **阅读提示**

　　"我"到底重要还是不重要？对于这一命题，本文作者冲破传统的价值观念，以独特的感受、新奇的立意和洗练的文笔，从人体的物质构成、人在历史进程中的作用、个体生命诞生的偶然性和亲情、友情、事业几方面深刻剖析了个体生命的价值，发出了"我很重要"的呐喊。它告诉我们，任何时候都不要看轻自己。面对世俗的种种偏见，你能勇敢地说出"我很重要"吗？试着说出来，你的人生也许会由此揭开新的一页。

　　课文在阐述事理时，带有浓郁的哲理思辨色彩，但并不抽象深奥，原因在于作者将说理与抒情有机地融为一体，以理服人，以情动人。而比喻、排比、反问等修辞手法的运用，更使文章生动传神，感情充沛，气势如虹。阅读时要在整体感知课文内容的基础上认真体会这些特点。

① 选自《毕淑敏自选精品集·散文卷》（中国社会出版社 2002 版），有改动。

当我说出"我很重要"这句话的时候，颈项后面掠过一阵战栗。我知道这是把自己的额头裸露在弓箭之下了，心灵极容易被别人的批判洞伤。许多年来，没有人敢在光天化日之下表示自己"很重要"。我们从小受到的教育都是——"我不重要"。

作为一名普通士兵，与辉煌的胜利相比，我不重要。

作为一个单薄的个体，与浑厚的集体相比，我不重要。

作为一位奉献型的女性，与整个家庭相比，我不重要。

作为随处可见的人的一分子，与宝贵的物质相比，我们不重要。

我们——简明扼要地说，就是每一个单独的"我"——到底重要还是不重要？

我是由无数星辰日月草木山川的精华汇聚而成的。只要计算一下我们一生吃进去多少谷物，饮下了多少清水，才凝聚成一具美轮美奂的躯体，我们一定会为那数字的庞大而惊讶。平日里，我们尚要珍惜一粒米、一叶菜，难道可以对亿万粒菽粟、亿万滴甘露濡养出的万物之灵，掉以丝毫的轻心吗？

当我在博物馆里看到北京猿人窄小的额和前凸的吻时，我为人类原始时期的粗糙而黯然。他们精心打制出的石器，用今天的目光看来不过是极简单的玩具。如今很幼小的孩童，就能熟练地操纵语言，我们才意识到已经在进化之路上前进了多远。我们的头颅就是一部历史，无数祖先进步的痕迹储存于脑海深处。我们是一株亿万年苍老树上最新萌发的绿叶，不单属于自身，更属于土地。人类的精神之火，是连绵不断的链条，作为精致的一环，我们否认了自身的重要，就是推卸了一种神圣的承诺。

回溯我们诞生的过程，两组生命基因的嵌合，更是充满了人所不能把握的偶然性。我们每一个个体，都是机遇的产物。

常常遥想，如果是另一个男人和另一个女人，就绝不会有今天的我……

即使是这一个男人和这一个女人，如果换了一个时辰相爱，也不会有此刻的我……

即使是这一个男人和这一个女人在这一个时辰，由于一片小小落叶或是清脆鸟啼的打搅，依然可能不会有如此的我……

一种令人怅然以至走入恐惧的想象，像雾霭一般不可避免地缓缓升起，模糊了我们

的来路和去处，令人不得不断然打住思绪。

我们的生命，端坐于概率垒就的金字塔的顶端。面对大自然的鬼斧神工，我们还有权利和资格说我不重要吗？

对于我们的父母，我们永远是不可重复的孤本。无论他们有多少儿女，我们都是独特的一个。

假如我不存在了，他们就空留一份慈爱，在风中蛛丝般飘荡。

假如我生了病，他们的心就会皱缩成石块，无数次向上苍祈祷我的康复，甚至愿灾痛以十倍的烈度降临于他们自身，以换取我的平安。

我的每一滴成功，都如同经过放大镜，进入他们的瞳孔，摄入他们心底。

假如我们先他们而去，他们的白发会从日出垂到日暮，他们的泪水会使太平洋为之涨潮。面对这无法承载的亲情，我们还敢说我不重要吗？

我们的记忆，同自己的伴侣紧密地缠绕在一处，像两种混淆于一碟的颜色，已无法分开。你原先是黄，我原先是蓝，我们共同的颜色是绿，绿得生机勃勃，绿得苍翠欲滴。失去了妻子的男人，胸口就缺少了生死攸关的肋骨，心房裸露着，随着每一阵轻风滴血。失去了丈夫的女人，就是齐斩斩折断的琴弦，每一根都在雨夜长久地自鸣……面对相濡以沫的同道，我们忍心说我不重要吗？

俯对我们的孩童，我们是至高至尊的唯一。我们是他们最初的宇宙，我们是深不可测的海洋。假如我们隐去，孩子就永失淳厚无双的血缘之爱，天倾东南，地陷西北，万劫不复。盘子破裂可以粘起，童年碎了，永不复原。伤口流血了，没有母亲的手为他包扎。面临抉择，没有父亲的智慧为他谋略……面对后代，我们有胆量说我不重要吗？

与朋友相处，多年的相知，使我们仅凭一个微蹙的眉尖、一次睫毛的抖动，就可以明了对方的心情。假如我不在了，就像计算机丢失了一份不曾备份的文件，他的记忆库里留下不可填补的黑洞。夜深人静时，手指在揿了几个电话键码后，骤然停住，那一串数字再也用不着默诵了。逢年过节时，她写下一沓沓的贺卡。轮到我的地址时，她闭上眼睛……许久之后，她将一张没有地址只有姓名的贺卡填好，在无人的风口将它焚化。

相交多年的密友，就如同沙漠中的古陶，摔碎一件就少一件，再也找不到一模一样的成品。面对这般友情，我们还好意思说我不重要吗？

我很重要。

我对于我的工作我的事业，是不可或缺的主宰。我的独出心裁的创意，像鸽群一般在天空翱翔，只有我才捉得住它们的羽毛。我的设想像珍珠一般散落在海滩上，等待着我把它用金线串起。我的意志向前延伸，直到地平线消失的远方……没有人能替代我，就像我不能替代别人。我很重要。

我对自己小声说。我还不习惯嘹亮地宣布这一主张，我们在不重要中生活得太久了。我很重要。

我重复了一遍。声音放大了一点。我听到自己的心脏在这种呼唤中猛烈地跳动。我很重要。

我终于大声地对世界这样宣布。片刻之后，我听到山岳和江海传来回声。

是的，我很重要。我们每一个人都应该有勇气这样说。我们的地位可能很卑微，我们的身份可能很渺小，但这丝毫不意味着我们不重要。

重要并不是伟大的同义词，它是心灵对生命的允诺。

人们常常从成就事业的角度，断定我们是否重要。但我要说，只要我们在时刻努力着，为光明在奋斗着，我们就是无比重要地生活着。

让我们昂起头，对着我们这颗美丽的星球上无数的生灵，响亮地宣布——我很重要。

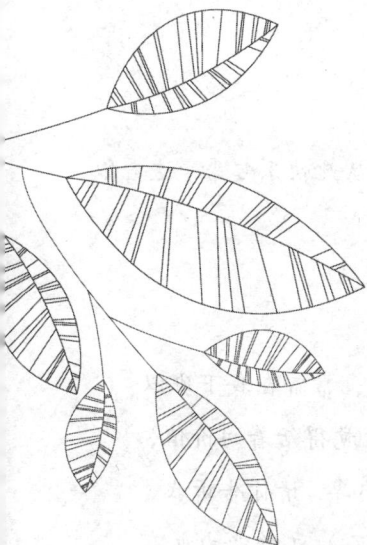

2

如果我是你

三　毛

📖阅读提示

　　这是一个大龄女子写给三毛女士的信，她在向自己的偶像倾诉着迷茫与困惑。

　　三毛女士针对这个不快乐女孩的短信，不谈空幻的方法，很实际地一步步来说，她首先告诉女孩该怎样来欣赏自己，从布置自己的斗室谈起，教给她怎么样来用自己的双手把房间布置得最漂亮，接着又更进一步像个闺中密友似的告诉女孩挑选适合自己的化妆品，买喜欢的衣服和皮鞋，再去美发店，修剪一下常年不变的发型，给自己以耳目一新的快乐。

　　交流的艺术被作者运用得淋漓尽致，在平等的基础上建立相互信任，没有乏味的大道理，没有空洞的说教，就让不快乐女孩那丢弃的自信在娓娓交谈中树立起来了。其实，三毛女士用的是最简单的换位思考，她诠释了一个不快乐女孩的内心世界，对症下药，很轻松、很自然地治愈了女孩忧郁的心灵，让这个不快乐的女孩从此快乐起来。这看似轻松自然，其中包含了三毛女士的睿智、慈爱和社会责任心。

三毛女士：

我今年二十九岁，未婚，是一家报关行最底层的办事员，常常在我下班以后，回到租来的斗室里，面对物质和精神都相当贫乏的人生，觉得活着的价值，十分……对不起，我黯淡的心情，无法用文字来表达。我很自卑，请你告诉我，生命最终的目的何在？以我如此卑微的人（我的容貌太平凡了），工作能力也有限，说不出有什么特别的兴趣，也从来没有异性对我感兴趣。

我真美慕你，恨不得能够活得像你，可惜我不能，请你多写书给我看，丰富我的生命，不然，真不知活着还有什么快乐。

敬祝春安

一个不快乐的女孩上

不快乐的女孩：

从你短短的自我介绍中，看来十分惊心，二十九岁正当年轻，居然一连串地用了——最底层、贫乏、黯淡、自卑、平凡、卑微、能力有限这许多不正确的定义来形容自己。以我个人的经验来说，我也反复思索过许多次，生命的意义和最终目的到底是什么，目前我的答案却只有一个，很简单的一个，那便是"寻求真正的自由"，然后享受生命。

不快乐的女孩，你的心灵并不自由，对不对？当然，我也没有做到绝对的超越，可是如你信中所写的那些字句，我已不再用在自己身上了，虽然我们比较起来是差不多的。

如果我是你，第一步要做的事是加重对自我的期许与看重，将信中那一串

又一串自卑的字句从生命中一把扫除，再也不轻看自己。你有一个正当的职业，租得起一间房间，容貌不差，懂得在上下班之余更进一步探索生命的意义，这都是很优美的事情，为何觉得自己卑微呢？你觉得卑微是因为没有用自己的主观眼在观看自己，而用了社会一般的功利主义的眼光，这是十分遗憾的。一个不欣赏自己的人，是难以快乐的。

当然，由你的来信中，很容易想见你部分的心情，你表达的能力并不弱，由你的文字中，明明白白可以看见一个都市单身女子对于生命的无可奈何与悲哀，这种无可奈何，并不肤浅，是值得看重的。很实际地来说，不谈空幻的方法，如果我住在你所谓的"斗室"里，如果是我，第一件会做的事情，就是布置我的房间。我会将房间粉刷成明朗的白色，给自己在窗上做上一幅美丽的窗帘，我在床头放一个普通的小收音机，在墙角做一个书架，给灯泡换一个温暖而温馨的灯罩，然后，我要去花市，仔细地挑几盆看了悦目的盆景，放在我的窗口。如果仍有余钱，我会去买几张名画的复制品——海报似的那种，将它挂在墙上……这么弄一下，以我的估价，是不会超过四千台币的，当然除了那架收音机之外，一切自己动手做，就省去了工匠费用，而且生活会有趣得多。

房间布置得美丽，是享受生命改变心情的第一步，在我来说，它不再是斗室了。然后，当我发薪水的时候——如果我是你，我要给自己用极少的钱，去买一件美丽又实用的衣服。如果我觉得心情不够开朗，我很可能去一家美发店，花一百台币修剪一下终年不变的发型，换一个样子，给自己耳目一新的快乐。我会在又发薪水的下一个月，为自己挑几样淡色的化妆品，或者再买一双新鞋。当然，薪水仍然是每个月会领的，下班后也有四五个小时的空闲，那时候，我可能去青年会报名学学语文、插花或者其他感兴趣的课程，不要有压力的每周夜间上两次课，是改换环境又充实自己的另一个方式。你看，如果我是你，我慢慢地在变了。

我去上上课，也许可能交到一些朋友，我的小房间既然那么美丽，那么也许偶尔可以请朋友来坐坐，谈谈各自的生活和梦想。慢慢地，我不再那么自卑了，我勇于接触善良而有品德的人群（这种人在社会上仍有许多许多），我会发

觉，原来大家都很平凡——可是优美，正如自己一样。我更会发觉，原来一个美丽的生活，并不需要太多的金钱便可以达到。我也不再计较异性对我感不感兴趣，因为我自己的生活一点一滴地丰富起来，自得其乐都来不及，还想那么多吗？

如果我是你，我会不再等三毛出新书，我自己写札记，写给自己欣赏，我慢慢地会发觉，我自己写的东西也有风格和趣味，我真是一个可爱的女人。

不快乐的女孩子，请你要行动呀！不要依赖他人给你快乐。你先去将房间布置起来，勉强自己去做，会发觉事情没有你想象的那么难，而且，兴趣是可以寻求的，东试试西试试，只要心中认定喜欢的，便去培养它，成为下班之后的消遣。可是，我仍觉得，在这个世界上，最深的快乐，是帮助他人，而不只是在自我的世界里享受——当然，享受自我的生命也是很重要的。你先将自己假想为他人，帮助自己建立起信心，下决心改变一下目前的生活方式，把自己弄得活泼起来，不要任凭生命再做赔本的流逝和伤感，起码你得试一下，尽力地去试一下，好不好？

享受生命的方法很多很多，问题是你一定要有行动，空想是不行的。下次给我写信的时候，署名快乐的女孩，将那个"不"字删掉了好吗？

你的朋友　三毛上

思考导航

一、读一读

1. 给下面加点字注音。

濡养　雾霭　菽粟　回溯　扼要　生死攸关
温馨　薪水　灯罩　黯淡

2. 知人论世。

毕淑敏，国家一级作家，是国内最著名的女作家之一。1952 年出生于新疆，在西藏阿里高原部队当兵 11 年。1987 年发表处女作《昆仑殇》。曾获当代文学奖、昆仑文学奖、青年文学奖等各种文学奖项 30 余次。其主要作品有《预约死亡》《血玲珑》等。她是内科主治医师，双手挽救过很多患者垂危的生命；她是心理咨询师，帮助无数来访者

走出生命的幽谷；她是一位关注生命和死亡的女作家，她的散文和小说温暖了无数的心灵。其实，读她的文字，也是在潜移默化地接受生命和死亡教育。

三毛，原名陈懋（mào）平（后改名为陈平），1943年出生于重庆，1948年，随父母迁居台湾，中国当代著名作家。1967年赴西班牙留学，后到过德国、美国等国家。1973年定居西属撒哈拉沙漠和荷西结婚，并以当地的生活为背景，写出一连串脍炙人口的作品，第一部代表作为《撒哈拉沙漠》。1981年回到台湾后，曾在中国文化大学任教，写成《万水千山走遍》。1984年辞去教职，而以写作、演讲为重心。最后一部作品是剧本《滚滚红尘》。1991年1月4日，三毛在医院去世，年仅四十八岁。其足迹遍及世界各地，作品也在全球的华人社会广为流传，在大陆也有广泛的读者，生平著作和译作十分丰富，共有二十四种。

二、想一想

1.《我很重要》题目是"我很重要"，为什么开篇却连续地说"我不重要"？毕淑敏从哪几个方面得出了"我很重要"的结论？

2.《如果我是你》中女孩认为自己卑微的原因是什么？对于女孩所描述的生活状况，三毛是如何加以描述的？为什么同样的条件，两人描述的话语不一样？三毛为女孩子设计的改变自己的方法概括讲有哪些？

三、议一议

你是否也曾经像"不快乐的女孩"一样否定自己？如果是，你会怎样改变自己呢？

你的身边是否有"不快乐的女孩"或"不快乐的男孩"？如果有，你将给她（他）怎样的建议，让她（他）走出自我否定的小天地，成为一个"快乐的女（男）孩"？

四、写一写

《我很重要》阐述的主旨是"我很重要"。我到底是重要还是不重要呢？以此为话题，联系自身实际进行思考，谈谈你的看法，然后用一段文字表述出来。

五、做一做

推销你自己：用一两句精短有力的话将你的优点和特长描述出来，向班里的同学推销自己。

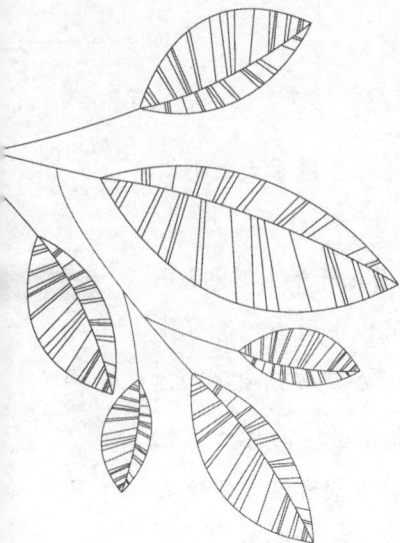

3

我的四季①

张 洁

阅读提示

20 世纪 70 年代末 80 年代初，张洁散文创作的主题扩展到复杂丰富的社会生活领域，描写的重点转向了人生层面，内容上充溢着一股强烈的苦难意识。本文就是这一时期的作品。作者把自己藏匿在一个虚拟的农夫形象的背后，把大自然变换着的四季作为人生的一种总体象征，用农夫式的劳作和收获、期望和失望、欢乐和痛苦，叙写了在为事业而奋斗的过程中所感受到的一切，即生命的劳作、艰辛、期待和收获。

感情浓烈，富有哲理，是本文语言上的突出特色。你最喜欢哪些语句？摘抄下来，细细品味作者对人生的感悟。

---

① 选自《人民文学》1981 年第 2 期。

生命如四季。

　　春天，我在这片土地上，用我细瘦的胳膊，紧扶着我锈钝的犁。深埋在泥土里的树根、石块，磕绊着我的犁头，消耗着我成倍的体力。我汗流浃背，四肢颤抖，恨不得立刻躺倒在那片刚刚开垦的泥土之上。可我懂得我没有权利逃避，在给予我生命的同时所给予我的责任。我无须问为什么，也无须想有没有结果。我不应白白地耗费时间，去无尽地感慨生命的艰辛，也不应该自艾自怜命运怎么不济，偏偏给了我这样一块不毛之地。我要做的是咬紧牙关，闷着脑袋，拼尽全身的力气，压到我的犁头上去。我绝不企望有谁来代替，因为在这世界上，每人都有一块必得由他自己来耕种的土地。

　　我怀着希望播种，那希望绝不比任何一个智者的希望更为谦卑。

　　每天，我望着掩盖着我的种子的那片土地，想象着它将发芽、生长、开花、结果。如一个孕育着生命的母亲，期待着自己将要出生的婴儿。我知道，人要是能够期待，就能够奋力以赴。

　　夏日，我曾因干旱，站在地头上，焦灼地盼过南来的风，吹来载着雨滴的云朵。那是怎样地望眼欲穿、望眼欲穿呐！盼着、盼着，有风吹过来了，但那阵风强了一点，把那片载着雨滴的云吹了过去，吹到另一片土地上。我恨过，恨我不能一下子跳到天上，死死地揪住那片云，求它给我一滴雨。那是什么样的痴心妄想！我终于明白，这妄想如同想要拔着自己的头发离开大地。于是，我不再妄想，我只能在我赖以生存的这块土地上，寻找泉水。

　　没有充分地准备，便急促地上路了。历过的艰辛自不必说。要说的是找到了水源，才发现没有带上盛它的容器。仅仅是因为过于简单和过于发热的头脑，发生过多少次完全可以避免的惨痛的过失——真的，那并非不能，让人真正痛心的是在这里：并非不能。我顿足，我懊悔，我哭泣，恨不得把自己撕成碎片。有什么用呢？再重新开始吧，这样浅显的经验却需要比别人付出加倍的代价来汲取。不应该怨天尤人，会有一个时辰，留给我检点自己！

我眼睁睁地看过，在无情的冰雹下，我那刚刚灌浆、远远没有长成的谷穗，在细弱的稻秆上摇摇摆摆地挣扎，却无力挣脱生养它，却又牢牢地锁住它的大地，永远没有尝受过成熟是什么一种滋味，便夭折了。

我曾张开我的双臂，愿将我全身的皮肉，碾成一张大幕，为我的青苗遮挡狂风、暴雨、冰雹……善良过分，就会变成糊涂和愚昧。厄运只能将弱者淘汰，即使为它挡过这次灾难，它也会在另一次灾难里沉没。而强者会留下，继续走完自己的路。

秋天，我和别人一样收获。望着我那干瘪的谷粒，心里有一种又酸又苦的欢乐。但我并不因我的谷粒比别人干瘪便灰心或丧气。我把它们捧在手里，紧紧地贴近心窝，仿佛那是新诞生的一个自我。

富有而善良的邻人，感叹我收获的微少，我却疯人一样地大笑。在这笑声里，我知道我已成熟。我已有了一种特别的量具，它不量谷物只量感受。我的邻人不知和谷物同时收获的还有人生。我已经爱过，恨过，欢笑过，哭泣过，体味过，彻悟过……细细想来，便知晴日多于阴雨，收获多于劳作。只要我认真地活过，无愧地付出过，人们将无权耻笑我是入不敷出的傻瓜，也不必用他的尺度来衡量我值得或是不值得。

到了冬日，那生命的黄昏，难道就没有什么事情好做？只是隔着窗子，看飘落的雪花，落寞的田野，或是数点那光秃的树枝上的寒鸦？不，我还可以在炉子里加上几块木柴，使屋子更加温暖；我将冷静地检点自己：我为什么失败，我做错过什么，我欠过别人什么……但愿只是别人欠我，那最后的日子，便会心安得多！

再没有可能纠正已经成为往事的过错。一个生命不可能再有一次四季。未来的四季将属于另一个新的生命。

但我还是有事情好做，我将把这一切记录下来。人们无聊的时候，不妨读来解闷，

怀恨我的人，也可以幸灾乐祸地骂声：活该！聪明的人也许会说这是多余；刻薄的人也许会敷衍出一把利剑，将我一条条地切割。但我相信，多数人将会理解。他们将会公正地判断我曾做过的一切。

在生命的黄昏里，哀叹和寂寞的，将不会是我！

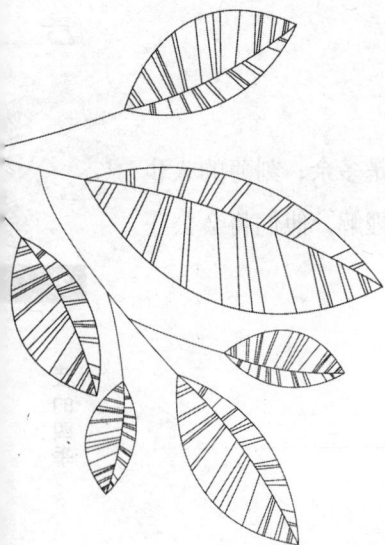

4

生命的列车

人的一生，就好比一次搭车旅行，要经历过无数次的上车、下车、转车；时常还会有事故发生；有时是意外惊喜，有时却是刻骨铭心的伤悲……

降生人世，我们就坐上了这趟生命列车，这是一列永远没有目的地的列车，不管情

不情愿，我们都将在中途无奈地下车。我们以为最先见到的两位——我们的父亲母亲，会在人生旅途中一直陪伴我们。很遗憾，事实并非如此，他们会在某个车站不打招呼独自下车，留下我们，孤独无助，他们的爱、他们的情，他们不可代替的陪伴，再也无可寻找，只能留在我们记忆中。

尽管如此，还会有其他人上车，他们中的某些人将对我们有着特殊的意义。他们之中，有我们的兄弟姐妹，有我们的亲朋好友。我们还将体验千古不朽的爱情故事。同坐一趟列车的人当中，有的轻松旅行，有的却带着深深的悲哀，还有的在列车上四处奔忙，随时准备帮助需要救助的人，也有的为了私利，去欺骗、压榨同行的旅伴。很多人下车后，其他旅客对他们的回忆还历久弥新……

但是，也有一些人离开座位下车后，却没有人察觉。有时候，对你意义深重的旅伴却坐到了另一节车厢。你只得远离她，继续你的旅程。当然，在旅途中，你可以穿过摇摇晃晃拥挤的车厢去找她，可惜你再也无法坐在她身旁，因为她旁边的位子已经让别人给占了。没关系，人生旅途充满挑战、梦想、希望、离别、欺骗、离合、欢乐、痛楚……

但人生就是不能重新回到起点。

因此，我们尽量使旅途愉快吧！

善待旅途中遇到的所有旅客，找出他们身上的闪光点。永远记住，在某一旅程中，有人会犹豫彷徨，因为我们自己也会犹豫彷徨。我们要理解他人，正如我们需要别人理解一样。

生命之谜就是：我们在什么地方下车？坐在身边的伴侣在什么地方下车？我们的朋友在什么地方下车？

这我们无法预先知晓。

我时常这样想：到我该下车的时候，我会留恋吗？我想我会的。和我的恋人、朋友分离，我会痛苦，让我的孩子孤独前行，我会悲伤。我执著地期望在我们都要到达的那个终点站，我们还会相聚。

我的孩子上车时没什么行李，如果我在他们的行囊中留下美好的回忆，我会感到幸福。我们下车后，和我同行的旅客都还能记起我，我将感到快慰。献给你！我生命列车上的同行者，祝你旅途愉快！

思考导航

一、读一读

1. 给下列加点的词注音。

给予　自艾自怜　刻骨铭心　迥异　干瘪　历久弥新

2. 知人论世。

张洁，生于 1937 年，中国当代女作家。主要作品有长篇小说《沉重的翅膀》(获第二届茅盾文学奖)，中篇小说《祖母绿》(获第三届全国优秀中篇小说奖)，短篇小说《森林里来的孩子》(获第一届全国优秀短篇小说奖)，另有短篇小说集《爱，是不能忘记的》，中篇小说集《方舟》，长篇散文《世界上最疼爱我的那个人去了》以及《张洁文集》(四卷)等。

二、想一想

1. 本文运用了什么写作手法？

2. 作者的人生四季各有哪些特点？各用一句话概括。

3. 贯穿作者人生四季的一条主线是什么？

三、议一议

1. 四季对于每个人都是相同的，但每个人的四季又是迥异的。面对人生中的艰辛和挫折，作者是如何正确对待的？你最赞同作者哪些观点？如果在未来的人生道路上遇到挫折，你该如何应对？

2. 读完《生命的列车》你对生命有了怎样的感悟？在以后的生活和学习中应该如何来做？

四、写一写

张洁说："可我懂得我没有权利逃避，在给予生命的同时所给予我的责任。"是的，我们每个人都对自己、对他人、对社会背负着一份沉甸甸的责任。请以"责任"为话题，写一篇短文。

五、做一做

《我的四季》是生命不息、奋斗不止的人生赞歌……回顾自己的人生经历，你对生

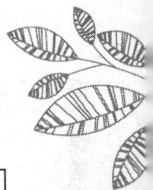

命有着怎样的理解？就"生命"这一话题，写几句精辟的话，与同桌交流共享。

生命箴言

天生我材必有用，千金散尽还复来。——李白

知人者智，自知者明。——老子

我爱人生，所以我愿像一个狂信者那样投身到生命的海里。——巴金

人在生活中的主要任务是创造自我。——弗洛姆

生命，那是自然付给人类去雕琢的宝石。——诺贝尔

深窥自己的心，而后发觉一切的奇迹在你自己。——培根

哥伦布发现了一个世界，却没有用海图，他用的是在天空中释疑解惑的信心。

——桑塔雅娜

只有满怀自信的人，能在任何地方都怀有自信，沉浸在生活中，并认识自己的意志。

——高尔基

人生就像一本书，傻瓜们走马看花似的随手翻阅他，聪明的人用心地阅读它。因为他知道这本书只能读一次。

——保罗

即使断了一条弦，其余的三条弦还是要继续演奏，这就是人生。

——爱默生

 **美文欣赏**

《生命》

赵丽宏

假如生命是花。花开时是美好的，花落时也是美好的，我要把生命的花瓣，一瓣一瓣撒在人生的旅途上……

假如生命是草。决不因此自卑！要联合起所有的同类，毫不吝惜地向世界奉献出属于自己的一星浅绿。大地将因此而充满青春的活力。

假如生命是树。要一心一意把根扎向大地深处。哪怕脚下是一片坚硬的岩石，也要锲而不舍地将根须钻进石缝，汲取生活的源泉。在森林和沃野做一棵参天大树当然很美妙；在戈壁沙漠和荒山秃岭中做一棵孤独的小树，给迷路的跋涉者以希望，那就更为光荣。

假如生命是船。不要停泊，也不要随波逐流！我将高高地扬起风帆，向着未有人到达过的海域……

假如生命是水。要成为一股奔腾的活水呵！哪怕是一眼清泉，哪怕是一条小溪，也要日夜不停地、顽强地流，去冲开拦路的高山，去投奔江河……

假如生命是云。决不在天空里炫耀自己的姿色，也不只作放浪的飘游。要化成雨，无声地洒向大地。

假如生命是一段原木。做一座朴实无华的桥吧，让那些被流水和深壑阻隔的道路重新畅通！

假如生命只是一根枯枝。那就不必做绿色的美梦了，变成一支火炬吧，在黑夜中劈里啪啦从头燃到脚……

生命感悟

☕ 开卷有益

《简爱》①

英国　夏洛蒂

内容梗概

简·爱是个孤女，她出身于一个穷牧师家庭。不久父母相继去世。

幼小的简·爱寄养在舅父母家里。舅父里德先生去世后，简·爱过了十年备受歧视和虐待的生活。舅母把她视作眼中钉，并把她和自己的孩子隔离开来，从此，她与舅母的对抗更加公开和坚决了，简·爱被送进了罗沃德孤儿院。

孤儿院教规严厉，生活艰苦，院长是个冷酷的伪君子。简·爱在孤儿院继续受到精神和肉体上的摧残。由于恶劣的生活条件，孤儿院经常有孩子病死，她最好的朋友海伦在一次大的斑疹伤寒中去世了。这次斑疹伤寒也使孤儿院有了大的改善。简·爱在新的环境下接受了六年的教育，并在这所学校任教两年。由于谭波尔儿小姐的离开，简·爱厌倦了孤儿院里的生活，登广告谋求家庭教师的职业。桑菲尔德庄园的女管家聘用了她。庄园的男主人罗切斯特经常在外旅行，她的学生是一个不到10岁的女孩阿黛拉·瓦朗，罗切斯特是她的保护人。

一天黄昏，简·爱外出散步，邂逅刚从国外归来的主人，这是他们第一次见面。以后她发现她的主人是个性格忧郁、喜怒无常的人，对她的态度也是时好时坏。整幢房子沉郁空旷，有时还会听到一种令人毛骨悚然的奇怪笑声。一天，简·爱在睡梦中被这种笑声惊醒，发现罗切斯特的房间着了火，简·爱叫醒他并帮助他扑灭了火。

罗切斯特回来后经常举行家宴。在一次家宴上向一位名叫英格拉姆的漂亮小姐大献殷勤，简·爱被召进客厅，却受到布兰奇母女的冷遇，她忍受屈辱，离开客厅。此时，她已经爱上了罗切斯特。其实罗切斯特也已爱上简·爱，他只是想试探简·爱对自己的爱情。当他向简·爱求婚时，她答应了他。

① 参考 http://baike.baidu.com/subview/45679/5244450.htm。

简
爱

在婚礼前夜，简·爱在朦胧中看到一个面目可憎的女人，在镜前披戴她的婚纱。

第二天，当婚礼在教堂悄然进行时，突然有人出证：罗切斯特先生15年前已经结婚。他的妻子原来就是那个被关在三楼密室里的疯女人。法律阻碍了他们的爱情，使两人陷入深深的痛苦之中。在一个凄风苦雨之夜，简·爱离开了罗切斯特。在寻找新的生活出路的途中，简·爱风餐露宿，沿途乞讨，历尽磨难，最后被牧师圣·约翰收留，并在当地一所小学校任教。不久，简·爱得知叔父去世并给她留下一笔遗产，同时还发现圣·约翰是她的表兄，简·爱决定将财产平分。圣·约翰是个狂热的教徒，打算去印度传教。他请求简·爱嫁给他并和他同去印度，但理由只是简·爱适合做一位传教士的妻子。简·爱拒绝了他，并决定再看看罗切斯特。她回到桑菲尔德庄园，那座宅子已成废墟，疯女人放火后坠楼身亡，罗切斯特也受伤致残。简·爱找到他并大受震动，最终和他结了婚，得到了自己理想的幸福生活。

人物介绍

简·爱

女主人公，一个性格坚强、朴实、刚柔并济、独立自主、积极进取的女性。她出身卑微，相貌平凡，但她并不以此自卑。她蔑视权贵的骄横，嘲笑他们的愚笨，显示出自立自强的人格和美好的理想。她有顽强的生命力，从不向命运低头，最后有了自己所向往的美好生活。简·爱生存在一个父母双亡、寄人篱下的环境。从小就承受着与同龄人不一样的待遇：舅妈的嫌弃，表姐的蔑视，表哥的侮辱和毒打。但她并没有绝望，并没有自我摧毁，并没有在侮辱中沉沦。种种不幸的一切所带来的，却是简·爱的无限信心，是她坚强不屈的精神，一种不可战胜的内在人格力量。她对自己的命运、价值、地位有深入的思考，对自己的思想和人格有着理性的认识，对自己的幸福和情感有着坚定的追求。简·爱身上表现了当今新女性的形象：自尊、自重、自立、自强，对美好的人格、情感、生活的执著追求。

罗切斯特

桑菲尔德庄园主，拥有财富和强健的体魄，三十六七岁年纪（比简·爱大了将近二十岁），心地善良，表面上看起来有些冷漠，有点顽固。起初在简·爱眼中，他性格阴郁而又喜怒无常，有一种男子汉气概。他身体强健，不算很英

俊，但面孔十分坚毅，有一头浓密的黑卷发和一双又大又亮的黑眼睛。年轻时他被父兄迫害，受骗娶了疯女人伯莎·梅森，那个女人荒淫无度，过着放浪的生活，成天吼叫，罗切斯特非常厌恶她，但由于强烈的责任心和当时的一些要求不能抛弃她。罗切斯特先生为了追求新的生活到欧洲各国旅游，但一直都没有找到自己的心上人，反而频频遭到背叛。后来决心认真生活，便回到了桑菲尔德庄园，认识了家庭女教师简·爱，爱上了她，并向她求婚，但已婚的事实被揭发。简·爱离开，他悲痛欲绝。由于妻子的疯狂放火而失去一条胳膊和一只眼睛，另一只眼睛也失明了，最后成为简·爱的丈夫。婚后两年眼睛复明。

创作背景

作者创作《简·爱》时英国已是世界上的头号工业大国，但英国妇女的地位并没有改变，依然处于从属、依附的地位。女子的生存目标就是要嫁入豪门，即便不能生在富贵人家，也要努力通过婚姻获得财富和地位。女性职业的唯一选择是当个好妻子、好母亲。以作家为职业的女性会被认为是违背了正当女性气质，会受到男性的激烈攻击，从夏洛蒂姐妹的作品当初都假托男性化的笔名一事，可以想见当时的女性作家面临着怎样的困境。《简·爱》这一经典名著就是在这一背景下写成的。

点评鉴赏

这部小说是一部具有浓厚浪漫主义色彩的现实主义小说。《简·爱》是部脍炙人口的作品，一部带有自传色彩的长篇小说。《简·爱》中的简·爱的人生追求有两个基本旋律：富有激情、幻想、反抗和坚持不懈的精神；对人间自由幸福的渴望和对更高精神境界的追求。这本小说的主题是通过描述孤女坎坷不平的人生经历，成功地塑造了一个不安于现状、不甘受辱、敢于抗争的女性形象，反映一个平凡心灵的坦诚倾诉的呼号，一个小写的人成为一个大写的人的渴望。

小说主要描写了简·爱与罗切斯特的爱情。简·爱的爱情观更加深化了她的个性。她认为爱情应该建立在精神平等的基础上，而不应取决于社会地位、财富和外貌，只有男女双方彼此真正相爱，才能得到真正的幸福。在追求个人幸福时，简·爱表现出异乎寻常的纯真、朴实的思想感情和一往无前的勇气。她并没有因为自己的仆人地位而放弃对幸福的追求，她的爱情是纯洁高尚的，她对罗切斯特的财富不屑一顾，她之所以钟情于他，就是因为他能平等待人，把她视作朋友，与她坦诚相见。对罗切斯特来说，简·爱犹如一股清新的风，使他精神为之一振。罗切斯特过去看惯了上层社会的冷酷虚伪，简·爱的纯朴、善良和独立的个性重新唤起他对生活的追求和向往。因而他能真诚地在简面前表达他善良的愿望和改过的决心。简·爱同情罗切斯特的不幸命运，认为他的错误是客观环境造成的。尽管他其貌不扬，后来又破产成了残疾人，但她看到的是他内心的美和令人同情的不幸命运，所以最终与他结婚。小说通过罗切斯特两次截然不同的爱情经历，批判了以金钱为基础的婚姻和爱情观，并始终把简·爱和罗切斯特之间的爱情描写为思想、才能、品质与精神上的完全契合。这部小说说明了人最美好的生活是人的尊严和爱，小说的结局给女主人公安排的就是这样一种生活。虽然这样的结局过于完美，甚至这种圆满本身标志着肤浅，虽然罗切斯特的庄园毁了，罗切斯特自己也成了一个残疾人，正是这样一个条件，使简·爱不再在尊严与爱之间矛盾，而同时获得满足，她在和罗切斯特结婚的时候是有尊严的，当然也是有爱情的。

简·爱是个不甘忍受社会压迫、勇于追求个人幸福的女性。无论是她的贫困低下的社会地位，还是她那漂泊无依的生活遭遇，都是当时英国下层人民生活的真实写照。作者能够把一个来自社会下层的觉醒中的新女性摆到小说的主人公地位，并对主人公为反抗压迫和社会偏见、力争独立的人格和尊严、为追求幸福生活所作的顽强斗争加以热情歌颂，这在当时的文学作品中是难能可贵的。有尊严、寻求平等的简·爱，这个看似柔弱而内心极具刚强韧性的女子也因为这部作品而成为无数女性心中的典范。小说引人入胜地展示了男女主人公曲折起伏的爱情经历，歌颂了摆脱一切旧的习俗和偏见，扎根于相互理解、相互尊重的基础之上的真挚爱情，具有强烈的震撼心灵的艺术力量。其最为成功之处在于塑造了一个敢于反抗，敢于争取自由和平等地位的妇女形象。

《谁的青春不迷茫》[1]

刘 同

作品简介

本书描写了奋斗小青年刘同十年逆袭人生的经历。从 150 万字的北漂纪录，到跨度十年的自我对话中，我们能善意地笑看那些不知所谓的过去，一样黑暗迷茫撞破头的青春，几场没有结果的恋爱，以及他努力呈现出的本真。

从作者的经历中，我们会发现：每一次低头，都是对自己的肯定。我们不是变得现实，而是更能接受现实。我们都一样，正处于期盼未来、挣脱过去、奋斗当下的过程。会狼狈，却更有潇洒，但更多的是不怕。不怕动荡，不怕转机，不怕突然，不怕变化。谁的青春不迷茫，其实我们都一样。一样的青春，一样的迷茫，还好，我们还在路上。

"在大同的世界中，做小不同的自己。"刘同，光线传媒资讯事业部副总裁，因《职来职往》节目被大家所熟知，成为青年人的励志偶像和追求的奋斗目标，拥有几百万的微博粉丝，他的励志语录每一条都被疯狂转发。这是一本送给所有年轻人的心灵指南，是送给所有同龄人的成长礼物。30 岁的刘同回看自己北漂十年的成长岁月，这本书是对这十年过往经历的总结、感悟及思考。在时间和空间交错中，他用文字搭建一个立体世界，书写属于他的青春。去看一看他走过的路，发生过的故事以及相逢的人，然后发现，我们每个人就是这样成长的。青春不是一个年纪，而是一种状态，你觉得孤独就对了，你觉得热泪盈眶就对了，你觉得迷茫就对了，谁的青春不迷茫？

认识作者

刘同，湖南师范大学中文系毕业，进入传媒业十年，现任光线传媒电视资讯事业部副总裁。中国新生代作家，青春哲理小说代表性人物，曾出版《五十米深蓝》《美丽最少年》《离爱》等多部畅销小说，同时著有《这么说你就被灭了》《职场急诊室——谁没一点病》等职场励志畅销书，并为多家杂志撰写专栏。

---

[1] 参考 http://baike.baidu.com/view/9688669.htm? fr=aladdin。

精彩段落

1. 当我们尽力把悲观的事情用乐观的态度去表达时，你会发现迷宫顺着走到出口就能遇光明，倒着回到出发一样光亮。我们都一样，正处于期盼未来，挣脱过去，当下使劲的样子。会狼狈，有潇洒，但更多的是不怕。不怕动荡，不怕转机，不怕突然。谁的青春不迷茫，其实我们都一样。

2. 一件事只要你坚持得足够久，"坚持"就会慢慢变成"习惯"。原本需要费力去驱动的事情就成了家常便饭，原本下定决心才能开始的事情也变得理所当然。

3. 再繁茂的树木都是从根长起的，再多困扰我们的问题都是由一个问题引起的。父母对我们所有的规划也许是因为我们没有给他们足够多的安全感。另一半对我们不冷不热，也许是因为我们再没有给过对方新鲜感。领导对我们百般挑剔，也许是因为我们总有把柄让人抓而已。

4. 那时一吵架，就想着离开所有人，离家出走。其实这些叛逆，并不是因为不想和你们在一起，也不是想体会一个人的感觉。暂时消失只是想让你们了解失去我的感觉。也许只有失去了，你们才会体会拥有的可贵。所以无论我是坏是好，请你珍惜拥有我的机会。

5. 找工作和结婚一样。如果你指望拿着简历上大街就能找个人跟你回家结婚的话，要么你长得像女神惊为天人，要么你做手脚把人弄晕了，不然谁都不会做这种二百五的事。而能顺利结婚的，都是早就试婚的，早就心有所属两情相悦的。不要埋怨自己为何求职不顺，其实你压根就没做好成家的准备。

6. 读书时，我每天羡慕好多人。他的得体谈吐，他的干净搭配，她温暖又有趣，他和她细心珍惜。有时我会产生自己怎么一无是处的念头，后来换了新环境，我模仿他们的谈吐。回想他们的搭配，我尝试变得有趣，尽量尊重每个人，我想成为自己曾羡慕的那些人。其实能看出别人美好的人，就不是一无是处。

7. 每次回家，都会去翻阅曾经你给我写的信。细细阅读，体会你握笔的姿势，蹙眉的样子。每句话每个字都是当时最完整的你。今天你在哪里我不知道，权当是个笔友吧。我妈问：这些信没用了还留着？其实很多东西现在都没用了，留着的目的只有一个，像你那么好的人，也曾如此认真地对待过我。

8. 你是什么样的人，就会遇见什么样的人。你的朋友是什么样的人，你就会成为什么样的人。你的爱人是什么样的人，你就会过什么样的人生。护好了他们，也就是成全了自己。

经典语录

1. 所有的青涩都是最美的，最后的遗憾都是印象最深的。

2. 青春没有选择，只有试一试。

3. 琐碎的回忆，如柳絮绵绵，堆积在路口，成了难以逾越的心伤。

4. 从未遇见，一直听说。

5. 如果你爱一个女人，爱到骨子里，爱到生命里，爱到梦里，爱到，身体发肤毛细孔真皮层，那么你一定知道她爱什么，喜欢做什么，喝什么，去哪里，朋友是谁，父母住哪里，最缺什么，想要什么……如果你爱她，我不提醒你，你要做的事情应有尽有。

6. 有的话只能靠药物的麻痹才能说，有的人只能靠酒精的挥发才有自己，有些情只能靠时间的短暂才能珍惜。

7. 感情的开始就是一颗沙粒进入贝壳的开始，经过长时间的磨合，沙粒才有可能成为一粒珍珠，叫作幸福。

8. 不言，不语，任凭四周的嘈杂与纠纷。

9. 我若不喜欢你，怎会和你做朋友？我若喜欢你，怎会仅仅与你做朋友？

10. 一些人存在的意义总归是让另一些人成长，然后消失。

各界评论

《谁的青春不迷茫》讲述奋斗小青年刘同十年逆袭人生，给都市中焦躁不安困惑迷茫的年轻人指点迷津。一个人，十年光阴；一座城，瞬息万变。如果做不到让你深省思考，那就努力让你会心一笑。全书150万字，记录北漂感悟，跨度十年的自我对话。

如果，你和我也都这样每天记录青春成长的细节，时刻凝视自己的成长，我们会不会不太一样。

——十年成长见证者　何　炅

这本书不仅能让你看到奋斗，也能让你懂得青春。

——当红青年演员　王珞丹

刘同无关完美，只是，他能努力至极，将不完美变成完美，化缺点为优点，像功夫小子，无天资有野心，每打输一架，回家舔着伤口日日勤练，然后返回来再战一回。

——搜狐上海站内容部主编　刘　昂

20 岁到 30 岁这 10 年，我们都走过一样的路。所有 20 岁的你们，所有 30 岁的我们，成长不易，青春不难，不如我们定下一个誓约，看看 10 年之后，彼此在哪里，听着谁的歌，看着谁的字，身边的人，又是谁？

——潮流杂志《1626》主编　阿 SAM

我能感受到他自始至终的彻头彻尾的真诚，这种真诚是我愿意用任何代价去交换的。

——宝洁大中华区公关总监　陈　默

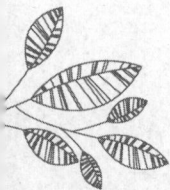

第二单元　直面挫折　超越人生

　　亲爱的同学们，我们的人生之船即将远航。人在旅途，感受到的不可能总是春色满园，鸟语花香，还有西风落叶，雨雪冰霜；映入眼帘的不可能都是一马平川，灿烂阳光，还有悬崖峭壁，月遮星藏。你可能在幸福快乐的时候遭遇了痛苦、惆怅；也可能在踌躇满志的时候，又遇到了迷惘、彷徨。生活不都像在波澜不惊的湖面上泛舟，还要在波涛汹涌的大海里搏击风浪。苦难孵化梦想，忧患孕育希望。困难和阻力是我们生长信念的土壤。超越，从来不是击败别人，而是战胜自己。

　　每个生命都有权绽放，生存条件再艰苦，只要不放弃生命，哪怕去石缝间寻求生存空间，也能够在最困厄的境遇中，展现生命的光彩。

　　年轻的女孩初入职场，面对工作重重困难，充满勇气，不言放弃，在一路跌撞中见到人生的光明，人生无限，Eva 的奋斗历程仍在继续。

崇拜的偶像遭遇了失败，身体残疾的史铁生梦想有了新的变化，了悟了人生意义，命定的局限尽可永在，不屈的挑战却不可须臾或缺。

"请给我一分钟"的胆略，让一个默默无闻的女孩获得了"青年科学家奖"。只要我们敢于挑战和展示自己，每个人都有可能赢得生命的"大奖"。

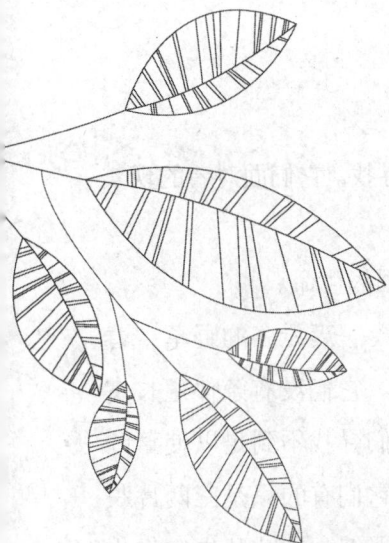

5

石缝间的生命

林　希

📖 阅读提示

　　本文是一篇激情勃发、托物言志的抒情散文，涌动着对高昂生命力的赞颂。作者所描写的对象虽然只是石缝间最不起眼的野草、山花和松柏，却告诉我们一个深刻的道理：生命需要拼搏！

　　大自然并非对每个生命都施以恩惠。有些生命所面对的生存环境是异常艰难窘迫的，而在这种种困境中顽强生存的生命，自有其震撼人心的力量。作者以精彩的文笔，热烈赞扬了石缝间的生命那顽强的生命力、坚韧的生存意识和勇敢的拼搏精神。请细心体会，培养自己在困境中成长，在困难中奋斗的品质。

　　石缝间倔强的生命，常使我感动得潸然泪下。

　　是那不定的风把那无人采撷的种子撒落到海角天涯。当它们不能再找到泥土，它们便把最后一线生的希望寄托在这一线石缝里。尽管它们也能从阳光中分享到温暖，从雨水里得到湿润，而唯有那一切生命赖以生存的土壤却要自己去寻找。它们面对着的现实该是多么严峻。

于是，大自然出现了惊人的奇迹，不毛的石缝间丛生出倔强的生命。

或者只就是一簇一簇无名的野草，春绿秋黄，岁岁枯荣。它们没有条件生长宽阔的叶子，因为它们寻找不到足以使草叶变得肥厚的营养，它们有的只是三两片长长的细瘦的薄叶，那细微的叶脉告知你生存该是多么艰难；更有的是，它们就在一簇一簇瘦叶下又自己生长出根须，只为了少向母体吮吸一点乳汁，便自去寻找那不易被觉察到的石缝。这就是生命。如果这是一种本能，那么它正说明生命的本能是多么尊贵，生命有权自认为辉煌壮丽，生机竟是这样地不可扼制。

或者就是一团一团小小的山花，大多又都是那苦苦的蒲公英。它们的茎叶里涌动着苦味的乳白色的浆汁，它们的根须在春天被人们挖去做野菜。而石缝间的蒲公英，却远不似田野上的同宗生长得那样茁壮。它们因山风的凶狂而不能长成高高的躯干，它们因山石的贫瘠而不能拥有众多的叶片，它们的茎显得坚韧而苍老，它们的叶因枯萎而失去光泽；只有它们的根竟似那柔韧而又强固的筋条，似那柔中有刚的藤蔓，深埋在石缝间狭隘的间隙里；它们已经不能再去为人们作佐餐的鲜嫩的野菜，却默默地为攀登山路的人准备了一个可靠的抓手。生命就是这样地被环境规定着，又被环境改变着，适者生存的规律尽管无情，但一切的适者都是战胜环境的强者，生命现象告诉你，生命就是拼搏。

如果石缝间只有这些小花小草，也许还只能引起人们的哀怜；而最为令人赞叹的，就在那石岩的缝隙间，还生长着参天的松柏，雄伟苍劲，巍峨挺拔。它们使高山有了灵气，使一切的生命在它们的面前显得苍白逊色。它们的躯干就是这样顽强地从石缝间生长出来，扭曲地、旋转地，每一寸树衣上都结着伤疤。向上，向上，向上是多么地艰难。每生长一寸都要经过几度寒暑，几度春秋。然而它们终于长成了高树，伸展开了繁茂的枝干，团簇着永不凋落的针叶。它们耸立在悬崖断壁上，耸立在高山峻岭的峰巅，只有那盘结在石崖上的树根在无声地向你述说，它们的生长是一次多么艰苦的拼搏。那粗如巨蟒，细如草蛇的树根，盘根错节，从一个石缝间扎进去，又从另一个石缝间钻出来，

于是沿着无情的青石，它们延伸过去，像犀利的鹰爪抓住了它栖身的岩石。有时，一株松柏，它的根须竟要爬满半壁山崖，似把累累的山石用一根粗粗的缆绳紧紧地缚住，由此，它们才能迎击狂风暴雨的侵袭，它们才终于在不属于自己的生存空间为自己占有了一片天地。

如果一切的生命都不屑于去石缝间寻求立足的天地，那么，世界上就会有一大片一大片的大地方成为永远的死寂，飞鸟无处栖身，一切借花草树木赖以生存的生命就要绝迹，那里便会沦为永无开化之日的永远的黑暗。如果一切的生命都只贪恋于黑黝黝的沃土，它们又如何完备自己驾驭环境的能力，又如何使自己在一代一代的繁衍中变得愈加坚强呢？世界就是如此奇妙。试想，那石缝间的野草，一旦将它们的草籽撒落到肥沃的大地上，它们一定会比未经过风雨考验的娇嫩的种子具有更为旺盛的生机，长得更显繁茂；试想，那石缝间的蒲公英，一旦它们的种子，撑着团团的絮伞，随风飘向湿润的乡野，它们一定会比其他的花卉生长得苗壮，更能经暑耐寒；至于那顽强的松柏，它本来就是生命的崇高体现，是毅力和意志最完美的象征，它给一切的生命以鼓舞，以榜样。

愿一切生命不致因飘落在石缝间而凄凄切切；愿一切生命都敢于去寻求最艰苦的环境。生命正是要在最困厄的境遇中发现自己，认识自己，从而锤炼自己，使自己的精神境界得到升华。

石缝间顽强的生命，它既是生物学的，又是哲学的，是生物学和哲学的统一。它又是美学的，作为一种美学现象，它展现给你的不仅是装点荒山枯岭的层层葱绿，它更向你揭示出美的、壮丽的心灵世界。

石缝间顽强的生命，它是具有如此震慑人们心灵的情感力量，它使我们赖以生存的这个星球变得神奇辉煌。

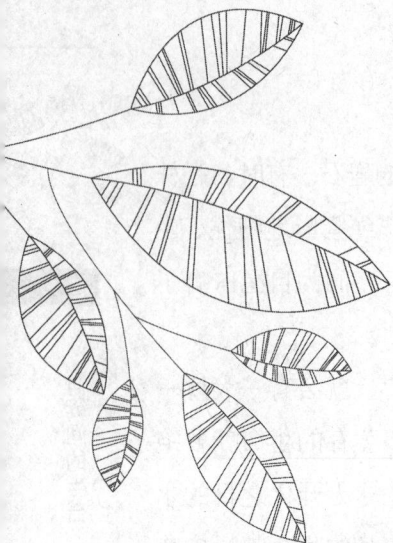

6

奋 斗

刘媛媛

📖 阅读提示

　　有人说："人生就是一系列机遇的组合。"人的一生并不缺少机遇，缺少的是勇气和魄力。刘媛媛成功了，她的成功很大程度上取决于她不言放弃的奋斗精神。

　　文章叙写了作者初次踏上社会所面临的外部环境和心路历程，以自己的亲身经历告诫我们：命运，总是垂青那些有准备的人，唯有保持乐观并且积极向上的心态，努力争取，才能成功！文章既是作者初入职场经历的总结，又是启迪我们踏上成功之路的人生箴言。

　　当初，我是怀揣着对幼儿教育的一份憧憬与梦想加入到城阳职专这个大家庭中的。在校园里的学习时光是始终让我无法忘却的美好回忆！那欢天喜地的课堂、那悠扬的琴声、优美的舞姿和嘹亮的歌声所形成的激励人心的学习氛围至今还经常在我的脑海中回旋。

奋
斗

恍惚间我离开母校已经 6 年了，回想起自己的就业历程，那是满怀着艰辛和幸福的过程，已经过去的那些日子每一天对我来说都是非同寻常的。

那一年，由于难得的机遇，我来到了现在的工作单位——私立青岛雅思贝尔文教机构。

18 岁那年，我小小的心里装满了整个天空，我自信我年轻，任何的困难我都可以克服，任何的机会我都可以把握。一次偶然的机会，我发现校区领导研究要创办亲子园，学校要从现任老师当中挑选一批骨干教师进行试课，表现突出的老师可以参加总部的早期教育师资培训，成为亲子园早教老师。可惜，校长只允许工作多年的老教师参加试课。真的要接受这样的现实吗？内心一个不安分的东西抑制不住地向我狂奔而来，我的性格里藏匿着一种叫作挑战的精神，我想自己可以尝试，虽然我工作时间还不到一年，但既然是新兴职业，试课的机会就应该是平等地给予每一位在校工作的老师。

所以，我要创造机会，我打算毛遂自荐！

由于在校期间我担任班长和学生会干事的职务，参加工作后学习过一段时间的早教，这些使我有了迈出第一步的底气。整理思绪之后，我来到了董事长的办公室，道出了我的想法："我们学校要创办亲子园，自己之前也做过亲子早教工作，能不能给我一个展示自己的机会，让我也参加一次试课？"我很清楚地记得当时自己说话时的状态，紧张哆嗦，呼吸困难，艰难地将这几句话从嘴里挤了出来……我忐忑等待着我们这位台湾老总的答复，他抬头问我："你叫什么名字？""我叫 Eva（我们校区是双语，所以用英文名字）。""你有过早教经验？好的，我很惜金，你准备一下这个周五你参加试课。"

我如释重负。有了机会，接下来就是验证自己实力的时候了！准备课程的过程让我感到纠结和困扰，面对众多优秀教师的竞争，要准备一堂能够震撼评委，可以让自己脱颖而出的课程绝对不是一件轻松的事情。我尽我最大的努力准备这一堂课，我要拿出自己最好的一面，当然，也做好了失败的心理准备。

命运，总是垂青那些有准备的人。是的，我的试课成功了！我最终赢得了掌声。课后，学校董事长黄总赞赏我："Eva 身上有与生俱来的勇气和天赋，她的努力让我觉得她值得信赖。"领导的肯定，给我带来了安全感和工作的动力！这唯一的名额，就是我——Eva，一个 18 岁刚刚工作不到一年的小丫头的，这次来之不易的前往北京的学习机会被我争取到了！

在此，我要感谢城阳职专的老师们，扎实的专业功底让我在这样有分量的幼儿园里，在众多优秀的专业幼儿教师中脱颖而出。今天在这样的小成功里我获胜了，成为了佼佼者！这样的成功让我似乎看到了我在雅思贝尔后期的光芒，是的，有了这样的机遇，我在雅思贝尔的发展犹如春江湖水一样碧波荡漾！

一个月的外出学习时光让我收获颇多，积累了丰富的学习经验，取得了"亲子教师资格认证"。接下来的日子，我担任了雅思贝尔亲子园教师一职。我的积极主动赢得了董事长和校长的赏识，因此我的任务随之也扩充了很多。除了日常授课之外，亲子园的招生宣传、推班家说、课程讲义、家园联系、电脑设计软件的学习等更加稠密的任务都落到了我这个新人 Eva 身上了。2007 年 5 月初任亲子教师时，整个亲子部门只有 3 个学员。招生的压力压得我几乎窒息。我知道，要想得到别人的信任和尊重，就必须用自己的实际工作来证明！经历了艰难的几个月时间，当年年底亲子园宝宝人数成功地达到了 60 人！那时，亲子园早期教育并不受家长的认可，一些知名品牌的亲子园也都处在举步维艰的奋斗期中。人数的突破在一定程度上足以证明我的工作实力与个人能力，我也因此受到了很高的人事评价，并且在年底拿到了丰厚的年终奖金。

在这样奋斗的过程里，吃苦受累我都能忍受，也都能把工作圆满地完成，但职场的钩心斗角、利益纷争在纯洁的幼儿园却也是我所不愿意回顾的。由于我太"耀眼"了，我很"幸运地"成为整个校区教师的排挤对象。回想当年，我是怀着一种怎样纠结的情绪才能度过那样充满排挤的岁月。那些日子里，我学会了容忍与包容。在人生的课堂中，我认为这是我不可或缺的社会生存法则！

我是一个乐观并且积极向上的人，如果不是这样，几年来的种种艰辛早就打败我的自尊和坚持。工作的困难，招生的压力和来自各个角落的嫉妒，困难像是叠罗汉一般，将要稳定，新的叠高又要开始。

当生源扩大遭遇瓶颈，亲子园收入不平稳的时候，我的工作伙伴们离开了我，刚实习的老师还需要我的指导，一大帮的孩子就只能我自己上课，一天下来我的嗓子累得几乎不能发声，顶着这样的压力，我每天工作到晚上 9 点，把所有的任务一个人再一次地扛了起来，21 岁了，我竟然长了人生中第一次青春痘。

亲子园的我们重新站了起来，生源稳定了，教师成熟了，亲子园也得到了扩充，就像一棵小树抓住每一点雨露和阳光，正在慢慢伸展它的枝叶努力向上生长。有风和日丽的日子，也有狂风暴雨的时候，历经教育局的各项突击检查，幼儿部传达教育局的检查结果，因为场地的限制，日益扩大的亲子园不得不再次搬家。每一次折腾都牵扯到某些人的利益，所以搬家之后的亲子园就像一棵被暴风雨摧残后的幼苗，似乎看不到阳光的照射，那一刻，我真的累了，真的想放弃了。很多很多的委屈我都说不出口，我觉得自己小小年纪承受的太多了，爸爸妈妈也劝我回到家里，找一份轻松点的工作吧！

感谢我的伯乐，当初支持信任我的黄总依然站在我的身后，当我提出辞职的时候，黄总告诉我："我尊重你的辞职，但是我告诉你，亲子园我不可能再办下去了，我是冲着你当年的毛遂自荐一路支持你走过来，我也是顶着所有员工质疑的眼神培养着你，希望你可以帮我开拓出雅思贝尔亲子园这个新天地，但是现在你要撤退，那好吧，就验证所有人的心愿，我黄总看走了眼。" 人的一生能有多大的运气碰上如此相信我支持我的长辈领导？我的那股不服输的骨气被黄总的一席话激发出来，他的一个决定把我从崩溃的边缘拉了回来，他同意我重新开一家独立的亲子园，让我从管理者变成老板，独立经营，收支自负。最后，他说："于你而言，这既是挑战，也是机遇。我依然相信，Eva不可能就此倒下，亲子园不会消失，雅思贝尔只有一个亲子园园长，就是你——Eva！"

那个夏天，我开始了储备资金、找房子的漫长历程，8月份的青岛热得像蒸笼一样，我跑遍了大大小小的中介，终于找到了合适的房子，10月份我们搬到了新的地方，雅思贝尔亲子园涅槃重生。虽然这两次搬家中间间隔不过三个月，于我而言，像是经历了数年煎熬一样，等待新校装修的日子我依然在暴风雨中经营等待着，咬牙煎熬着……24岁了，我竟然长了人生中第二次青春痘，直到现在痘印都没有完全褪去。

现在，我的亲子园挺直腰杆继续战斗在雅思贝尔这个大家庭里，黄总也再次向所有人证明了他的眼光和我的实力……

说到这里，突然想起上学时的一个场景。

记得每次考试时，大家都在抱怨平时的疏懒，为了得到一个好成绩，我们在桌子上做了点手脚，结果考试时，我们的妮妮老师让我们全体起立把桌子反过来考试。还有一次靠墙的同学写在墙上，老班似乎都猜得到大家已经如何备好小抄，竟然让同学们交换位置！这些场景都让在我们班考试的其他班同学们笑惨了，说我们幼师10班真牛。

现在想来其实考试的答案真的不重要，对我们这些踏入社会的新人来讲，一份赤诚的热心和真诚是我们人生最美好的启迪。况且我们以后的工作是托起明天的太阳，教育祖国的花朵，孩子们稚嫩的心灵纯洁的眼睛需要的是一个真善美的世界，哪能经得起这样的欺骗，有谁能狠心地将最丑陋的一面带给那些可爱的孩子？所以，我是不是可以尝试着给我们的学校教育下个定义：考试的答案和分数与人生中的真诚相比，前者太微不足道了！

我庆幸自己感受到了这一点，因此幼师10班的我们感谢妮妮老师带给我们的那份质朴与纯真，尽管这些感受和领悟是在我们经历了坎坷的人生路程才读懂的。我相信这不晚！我们接受老师的教育生涯或许是短暂的，但是受到启迪的智慧与心灵的感动，那是值得永久保存的最有价值的收获！我庆幸自己也正在把我最纯真诚挚的智慧和心灵传给我的老师和孩子们……

由于一直秉承着这样的信念，所以刘媛媛这个名字在校区附近已经小有名气，在网络里的李沧妈妈群里赞扬我的妈妈们越来越多，大家都知道雅思贝尔亲子园有个刘老师特别亲切、特别热情。我的专业态度也是亲子园的生源源源不断得到扩充的原因。于我而言能够得到家长和宝宝的认可将是我工作里最大的收获！

相信生活，一分耕耘一分收获。好好努力着的我们，只要拥有那份真诚和踏实，或许前路还有风雨，但我相信我们的前途无限光明！

Eva在雅思贝尔的奋斗历程未完待续……

思考导航

一、读一读

1. 给下面加点字注音。

倔强　扼制　贫瘠　坚韧　巍峨　犀利　黑黝黝　藏匿　毛遂自荐　震撼　污秽　耕耘

2. 知人论世。

林希，原名侯红鹅，1935年生于天津。现为天津市作协专业作家。代表作有诗集《无名河》、中篇小说《丑末寅初》《高买》、长篇小说《桃儿杏儿》等。其中《无名河》曾获全国优秀新诗集奖，《高买》获中国作协优秀中篇小说奖。1998年，他的中篇小说《小的儿》获鲁迅文学奖。

刘媛媛，城阳职专2004级幼师10班学生，在校期间担任班长、纪检部部长等职务，2007年以优异的成绩毕业。一年后入职青岛雅思

贝尔幼儿园，现为青岛雅思贝尔亲子园（2013 年 10 月更名为雅酷贝乐亲子园）园长。

6

奋
斗

二、想一想

1. "石缝间倔强的生命，常使我感动得潸然泪下。"作者为什么会对此潸然泪下？结合课文，谈谈你的见解。

作者为了向世人告知一个人生哲理，为我们描绘了几幅精彩的画面，请用自己的话描绘这几幅画面，并说说你最喜欢哪一幅，阐明喜欢的理由。

2. 《奋斗》中的"我"初入职场遇到了怎样的机遇？"我"是如何把握的？"我"的工作经历是一帆风顺的吗？"我"是怎样克服的？

三、议一议

在《奋斗》一文中由于"我"太"耀眼"了，成为整个校区教师的排挤对象，如果你是"我"的同事，你会以什么样的心态和行动来对待我的成功？

四、写一写

《石缝间的生命》赞美了石缝间的生命的那种倔强和崇高的品格，结合课文内容和自己的人生体验，写写你对标题"石缝间的生命"的理解。

五、做一做

搜集与《石缝间的生命》旨趣相近的名言佳句和与课文内容、题材相关的文章，并交流。

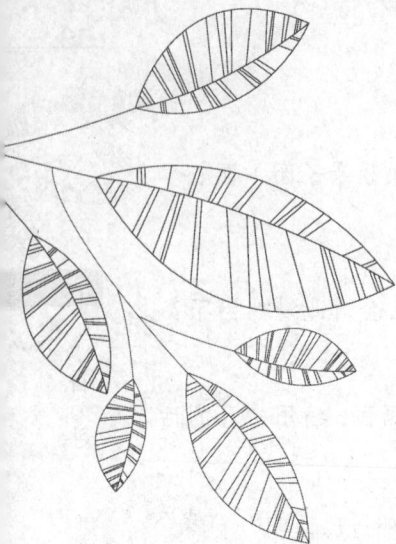

7

我的梦想①

史铁生

📖 **阅读提示**

　　课文是史铁生在 1988 年汉城奥运会之后写的一篇散文。文章围绕"梦想"这一线索展开，首先点明自己是一个全能体育迷，最喜欢田径运动，崇拜刘易斯，梦想拥有刘易斯那样健美的躯体。当刘易斯被约翰逊打败，自己改变了对最幸福的理解，梦想有了新的内涵，希望既有一个健美的躯体，又有一个了悟人生意义的灵魂。最后作者的梦想得到了升华，希望给予灵魂残疾的人更多的同情与爱心。

　　课文语言情真意切，含蓄凝练，朴素自然，感人至深。阅读时要注意揣摩叙事、抒情、说理互相交融的写作方法。

---

① 选自《答自己问》（天津人民出版社 1996 年版）。

也许是因为人缺了什么就更喜欢什么吧，我的两条腿虽动不能动，却是个体育迷。我不光喜欢看足球、篮球以及各种球类比赛，也喜欢看田径、游泳、拳击、滑冰、滑雪、自行车和汽车比赛，总之我是个全能体育迷。当然都是从电视里看，体育场馆门前都有很高的台阶，我上不去。如果这一天电视里有精彩的体育节目，好了，我早晨一睁眼就觉得像过节一般，一天当中无论干什么心里都想着它，一分一秒都过得愉快。有时我也怕很多重大比赛集中在一天或几天（譬如刚刚闭幕的奥运会），那样我会把其他要紧的事都耽误掉。

其实我是第二喜欢足球，第三喜欢文学，第一喜欢田径。我能说出所有田径项目的世界纪录是多少，是由谁保持的，保持的时间长还是短。譬如说男子跳远纪录是由比蒙保持的，20 年了还没有人能破，不过这事不大公平，比蒙是在地处高原的墨西哥城跳出这八米九零的，而刘易斯在平原跳出的八米七二事实上比前者还要伟大，但却不能算世界纪录。这些纪录是我顺便记住的，田径运动的魅力不在于纪录，人反正是干不过上帝；但人的力量、意志和优美却能从那奔跑与跳跃中得以充分展现，这才是它的魅力所在，它比任何舞蹈都好看，任何舞蹈跟它比起来都显得矫揉造作甚至故弄玄虚。也许是我见过的舞蹈太少了。而你看刘易斯或者摩西跑起来，你会觉得他们是从人的原始中跑来，跑向无休止的人的未来，全身如风似水般滚动的肌肤就是最自然的舞蹈和最自由的歌。

我最喜欢并且羡慕的人就是刘易斯。他身高一米八八，肩宽腿长，像一头黑色的猎豹，随便一跑就是十秒以内，随便一跳就在八米开外，而且在最重要的比赛中他的动作也是那么舒展、轻捷、富于韵律，绝不像流行歌星们的唱歌，唱到最后总让人怀疑这到底是要干什么。不怕读者诸君笑话，我常暗自祈祷上苍，假若人真能有来世，我不要求别的，只要求有刘易斯那样一副身体就好。我还设想，那时的人又会普遍比现在高了，因此我至少要有一米九以上的身材；那时的百米速度也会普遍比现在快，所以我不能只跑九秒九几。作小说的人多是白日梦患者。好在这白日梦并不令我沮丧，我是因为现实的这个史铁生太令人沮丧，才想出这法子来给他宽慰与向往。我对刘易斯的喜爱和崇拜与日俱增。相信他是世界上最幸福的人。我想若是有什么办法能使我变成他，我肯定不惜一切代价；如果我来世能有那样一个健美的躯体，今天这一身残病的折磨也就得了足够的报偿。

　　奥运会上，约翰逊战胜刘易斯的那个中午我难过极了，心里别别扭扭别别扭扭地一直到晚上，夜里也没睡好觉。眼前老翻腾着中午的场面：所有的人都在向约翰逊欢呼，所有的旗帜与鲜花都向约翰逊挥舞，浪潮般的记者们簇拥着约翰逊走出比赛场，而刘易斯被冷落在一旁。刘易斯当时那茫然若失的目光就像个可怜的孩子，让我一阵阵地心疼。一连几天我都闷闷不乐，总想着刘易斯此刻会怎样痛苦；不愿意再看电视里重播那个中午的比赛，不愿意听别人谈论这件事，甚至替刘易斯嫉妒着约翰逊，在心里找很多理由向自己说明还是刘易斯最棒；自然这全无济于事，我竟似比刘易斯还败得惨，还迷失得深重。这岂不是怪事么？在外人看来这岂不是精神病么？我慢慢去想其中的原因。是因为一个美的偶像被打破了么？如果仅仅是这样，我完全可以惋惜一阵再去竖立起约翰逊嘛，约翰逊的雄姿并不比刘易斯逊色。是因为我这人太恋旧，骨子里太保守吗？可是我非常明白，后来者居上是最应该庆祝的事。或者是刘易斯没跑好让我遗憾？可是九秒九二是他最好的成绩。到底为什么呢？最后我知道了：我看见了所谓"最幸福的人"的不幸，刘易斯那茫然的目光使我的"最幸福"的定义动摇了继而粉碎了。上帝从来不对任何人施舍"最幸福"这三个字，他在所有人的欲望前面设下永恒的距离，公平地给每一个人以局限。如果不能在超越自我局限的无尽路途上去理解幸福，那么史铁生的不能跑与刘易斯的不能跑得更快就完全等同，都是沮丧与痛苦的根源。假若刘易斯不能懂得这些事，我相信，在前述那个中午，他一定是世界上最不幸的人。

　　在百米决赛后的第二天，刘易斯在跳远比赛中跳出了八米七二，他是个好样的。看来他懂，他知道奥林匹斯山上的神人为何而燃烧，那不是为了一个人把另一个人战败，而是为了有机会向诸神炫耀人类的不屈，命定的局限尽可永在，不屈的挑战却不可须臾或缺。我不敢说刘易斯就是这样，但我希望刘易斯是这样，我一往情深地喜爱并崇拜这样一个刘易斯。

　　这样，我的白日梦就需要重新设计一番了。至少我不再愿意用我领悟到的这一切，仅仅去换一个健美的躯体，去换一米九以上的身高和九秒七九乃至九秒六九的速度，原因很简单，我不想在来世的某一个中午成为最不幸的人；即使人可以跑出九秒五九，也仍然意味着局限。我希望既有一个健美的躯体又有一个了悟了人生意义的灵魂，我希望二者兼得。但是，前者可以祈望上帝的恩赐，后者却必须在千难万苦中靠自己去获取。我的白日梦到底该怎样设计呢？千万不要说，倘若二者不可兼得你要哪一个？不要这样说，因为人活着必要有一个最美的梦想。

后来知道，约翰逊跑出了九秒七九是因为服用了兴奋剂。对此我们该说什么呢？我在报纸上见了这样一个消息，他的牙买加故乡的人们说："约翰逊什么时候愿意回来，我们都会欢迎他，不管他做错了什么事，他都是牙买加的儿子。"这几句话让我感动至深。难道我们不该对灵魂有了残疾的人，比对肢体有了残疾的人，给予更多的同情和爱吗？

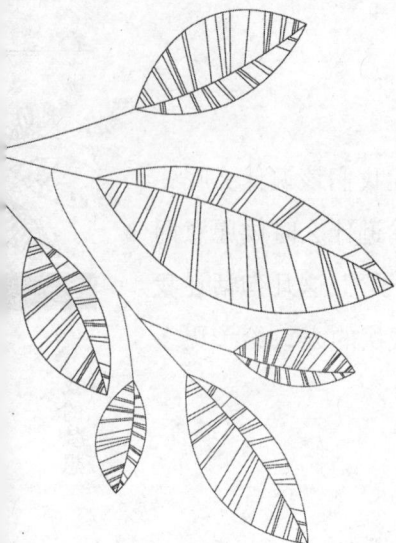

8

请给我一分钟[1]

耿学成

📖 阅读提示

　　文章主要讲述了台湾中学生苏意涵参加英特尔国际科学展的一次经历。在展厅中，她的作品无人关注，一连五次被专家拒绝，但她毫不气馁，凭借着自己杰出的语言表达，说服了第六位专家，最后取得了成功。她面对挫折，不言放弃，抓住机遇，勇往直前的精神值得我们每个人学习。

　　2008 年 5 月 14 日，美国亚特兰大世界展览中心，一年一度的英特尔国际科学展正在火热进行。这是全球最大规模的中学生科学竞赛，获胜者除丰厚的奖学金外，还有奖品、学费补助、暑期工读及考察补助等。因其特殊地位和影响力，争夺异常激烈，来自全球 51 个国家和地区的 1557 名优秀的参赛者，将一万多平方米的展览中心挤得

---

[1] 选自《读者》2009 年第 2 期。

满满的。

在其中一个不到一平方米的展位前，怯怯地站着一位黄皮肤的女孩子。她叫苏意涵，今年 17 岁，是台北市立第一女子高级中学二年级学生。置身异国他乡，又是首次参加如此规模的赛事，她的展位前冷冷清清。而她的对面，就是去年得到首奖的美国学生，被评委和参观者围得水泄不通，人数足有她的 10 倍！

她参赛的选题是"均相沉淀法制备 CZA 触媒之探讨"，借由高活性催化剂改善甲醇改革的反应，以便更有效地产生氢气。这项研究对于改善混合同构型金属、加强原料电池的应用及缓解石油能源危机都有可贵的借鉴意义。为了完成这项研究，她整整费了 11 个月的心血。

她相信自己的研究成果的价值。但看着空空的展位，她心里感受到的是从来没有过的害怕——再这样撑下去就完了！

情急之下，她跨出展位，大声拦住路过的一位评委："您有 5 分钟时间吗？"她被拒绝了！要知道，参与总决赛的评委个个是顶尖的专家。她不得不回到展位。几分钟后，她又鼓足勇气出去拦，还是被拒绝。就这样，她一连被拒绝了 5 次！

终于，等到第 6 个评委说"Yes"时，她铆足了劲儿介绍："我叫苏意涵，来自中国台湾，我做的题目主要是要探讨燃料电池的触媒转换效率……"一口气，她讲了 5 分钟。

到了下午，她继续用"5 分钟拦截法"，最后她干脆改口问："可以给我一分钟吗？"她知道评委一人一票，有更多人了解她的实验，开会讨论时就会得到更多的帮助。就这样，她又多"缠"到十几个评委来听她的实验。

38 个小时之后的颁奖典礼上，逐一宣布得奖学生。让她没想到的是，她不但抢下英特尔国际科学展化学类首奖，最大奖项"青年科学家奖"得主竟然也是她！她因此获得了 5.8 万美元的奖金、一台英特尔双核笔记本电脑……而历年的 36 位大奖得主中，仅有 6 名不是来自美国，她是亚洲人中的第二个幸运者！

在分析拿下大奖的原因时，她的辅导老师这样说，除了良好的选题，还得益于她在极短的时间内能让评委全面了解自己实验的表达能力，更离不开她敢于在关键时刻跨出展位向评委说"请给我一分钟"的胆略！

思考导航

一、读一读

1. 给下列加点的字注音。

譬如　祈祷　沮丧　嫉妒　炫耀　须臾　矫揉造作　给予

2. 知人论世。

史铁生，中国著名小说家，散文家。曾任北京作家协会副主席、驻会作家，中国作家协会第五、六、七届全国委员会委员，中国残疾人作家协会副主席，一级作家职称。主要作品有中短篇小说集《我的遥远的清平湾》《礼拜日》《舞台效果》《命若琴弦》等，长篇小说《务虚笔记》等，曾先后获全国优秀短篇小说奖、鲁迅文学奖以及多种全国文学刊物奖，一些作品被译成英、法、日等文字，单篇或结集在海外出版。其著名散文《我与地坛》影响最大，感动了无数读者，被公认为中国近 50 年来最优秀的散文之一，并入选了中学语文课本。史铁生在电影创作上成绩丰硕，所创作的电影剧本有《多梦时节》《死神与少女》。

二、想一想

1. 史铁生最初的梦想是什么？他为什么会有这样一个梦想呢？后来的梦想又发生了怎样的变化？

2. 苏意涵最后走向成功的原因有哪些？

三、议一议

每个人都有着自己的梦想，或大或小，你曾经有过什么样的梦想？在追求梦想的道路上你曾经有过挫折吗？你是如何对待的？你现在的梦想是什么？你想怎样实现它？

四、品一品

梦　想

兰斯顿·休斯

紧紧抓住梦想，梦想若是消亡，生命就像鸟儿折了翅膀，再也不能飞翔。

紧紧抓住梦想，梦想若是消逝，生命就像贫瘠的荒野，雪覆冰封，万物不再生长。

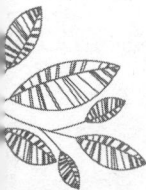

请给我一分钟

请给我一分钟，让你了解我；请给我一分钟，让你喜欢我；请给我一分钟，让你赏识我；请给我一分钟，让你接受我。我可能不是最聪明的，但一定是最勤奋的；我可能不是最优秀的，但一定是最积极的；我可能不是最美丽的，但一定是最可爱的；我可能不是最幸运的，但一定是最执著的。

五、写一写

每个人都有一个梦，但这个梦的成功与否，都掌握在你自己的手中。若你在途中放弃了梦，就失去了成功；若你在途中紧握着梦，便走向成功的彼岸。你将是成功者、勇敢者，你的人生、你的未来都是由梦决定，而梦是由你自己决定的，不要放弃梦，成功将在你手中。亲爱的同学们请以《我的梦想》为题写一篇小作文，让我们一起畅想人生，用梦想预约未来。

生命箴言

千磨万击还坚韧，任尔东南西北风。——郑板桥

天行健，君子以自强不息。——《周易》

一个人总是有些拂逆的遭遇才好，不然是会不知不觉地消沉下去的，人只怕自己倒，别人骂不倒。

——郭沫若

我以为挫折、磨难是锻炼意志、增强能力的好机会。——邹韬奋

卓越的人一大优点是：在不利与艰难的遭遇里百折不挠。——贝多芬

只有永远躺在泥坑里的人，才不会再掉进坑里。——黑格尔

顽强的毅力改变可以征服世界上任何一座高峰。——狄更斯

人的生命似洪水在奔流，不遇着岛屿、暗礁，难以激起美丽的浪花。

——奥斯特洛夫斯基

灰色的理论到处皆有。我的朋友，只有个生活的绿树四季常青，郁郁葱葱。

——歌德

要生活啊，信我的话，别等待明天，就在今天采摘生命的玫瑰吧。

——龙沙

美文欣赏

《我要笑遍世界》

奥格·曼狄诺

我要笑遍世界。只有人类才会笑。树木受伤时会流"血"，禽兽会因痛苦和饥饿而哭嚎哀鸣。然而，只有人才具备笑的天赋，可以随时开怀大笑。从今往后，我要培养笑的习惯。笑有助于消化，笑能减轻压力，笑是长寿的秘方。现在我终于掌握了它。

我要笑遍世界。我笑自己，因为自视甚高的人往往显得滑稽。千万不能跌进这个精神陷阱。虽说我是造物主最伟大的奇迹，我不也是沧海一粟吗？我真的知道自己从哪里来，到哪里去吗？我现在所关心的事情，十年后再看不会显得愚蠢吗？为什么我要让现在发生的微不足道的琐事烦扰我？在这漫漫的历史长河中，能留下多少日落的记忆呢？

我要笑遍世界。当我受到别人的冒犯时，当我遇到不如意的事情时，我只会流泪诅咒，却怎么笑得出来？有一句至理名言，我要反复练习，直到它深入我的骨髓，让我永远保持良好的心境。这句话，传自远古时代，它们将陪我渡过难关，使我的生活保持平衡。这句至理名言就是：这一切都会过去。

我要笑遍世界。世上种种到头来都会成为过去。心力衰竭时，我安慰自己，这一切都会过去；当我因成功洋洋得意时，我提醒自己，这一切都会过去；穷困潦倒时，我告诉自己，这一切都会过去；腰缠万贯时，我也告诉自己，这一切都会过去。是的，昔日修筑金字塔的人早已作古，埋在冰冷的石头下面，而金字塔有朝一日，也会埋在沙土下面。如果世上种种终必成空，我又为何对今天的得失斤斤计较？

我要笑遍世界。我要用笑声点缀今天，我要用歌声照亮黑夜；我不再苦苦寻觅快乐，我要在繁忙的工作中忘记悲伤；我要享受今天的快乐，它不像粮食可以贮藏，更不似美酒越陈越香。我不是为将来而活，今天播种今天收获。

我要笑遍世界。笑声中，一切都显露本色。我笑自己的失败，它们将化为梦的云彩；我笑自己的成功，它们回复本来面目；我笑邪恶，它们离我远去；

我笑善良，它们发扬光大。我要用我的笑容感染别人，虽然我的目的自私，但这确是成功之道，因为皱起的眉头会让顾客弃我而去。

我要笑遍世界。从今往后，我只因幸福而落泪。因为悲伤、悔恨、挫折的泪水毫无价值，只有微笑可以换来财富，善言可以建起一座城堡。

我不再允许自己因为变得重要、聪明、体面、强大而忘记如何嘲笑自己和周围的一切。在这一点上，我要永远像小孩子一样，因为只有做回小孩子，我才能尊敬别人；尊敬别人，我才不会自以为是。

我要笑遍世界。只要我能笑，就永远不会贫穷。这也是天赋，我不再浪费它。只有在笑声和快乐中，我才能真正体会到成功的滋味。只有在笑声和欢乐中，我才能享受到劳动的果实。如果不是这样的话，我会失败，因为快乐是提味的美酒佳酿。要想享受成功，必须先有快乐，而笑声便是那伴娘。

我要快乐。我要成功。我要笑遍世界。

生命感悟

_____

_____

_____

_____

_____

_____

_____

_____

_____

_____

_____

_____

开卷有益

《假如给我三天光明》①

美国　海伦·凯勒

作品简介

　　《假如给我三天光明》是美国当代著名作家海伦·凯勒（Helen keller）的散文代表作。该书的前半部分主要写了海伦变成盲聋人后的生活，后半部分则介绍了海伦的求学生涯。同时也介绍她体会不同的丰富多彩的生活以及她的慈善活动等。她以一个身残志坚的柔弱女子的视角，告诫身体健全的人们应珍惜生命，珍惜造物主赐予的一切。此外，本书中收录的《我的人生故事》是海伦·凯勒的自传作品，被誉为"世界文学史上无与伦比的杰作"。

　　《假如给我三天光明》前半部分主要写了海伦变成盲聋哑人后的生活。刚开始的海伦对于生活是失望的，用消极的思想去面对生活，情绪非常暴躁，常常发脾气，扔东西。她感觉现实生活中没有爱，她是多么希望能重新得到光明。她父母经过多番寻求，帮海伦找到了一位老师——莎莉文老师，这位老师成为了海伦新生活的引导者，使海伦对生活重新充满了希望，充满了激情。在莎莉文老师耐心的指导下，海伦学会了阅读，认识了许多的字，也知道了爱，感受到了身边无处不在的爱。随着时间的推移，海伦在老师和亲人的陪同下，体会到了许多不同的事物，比如：过圣诞节、拥抱海洋、体会秋季和冬天，等等。后半部分则介绍了海伦的求学生涯。在海伦的求学生涯中，海伦遇到了许多的困难，但同时也结识了许多的朋友。在学习中，凭借不屈不挠的精神，她学会了说话，写作。虽然在这过程中海伦遇到了一些不开心的事情，但她并没有放弃。她的努力得到了回报，她成功实现了大学梦想，进入了哈佛大学。在大学生活中，由于生理上的缺陷，她学习非常地吃力，而在老师的帮助以及她自己的努力下，最终她以优异的成绩大学毕业，还掌握了英语、法语、德语、

---

① 参考 http://baike.baidu.com/view/139733.htm。

拉丁语和希腊语五种语言。但大学毕业后她却遇到了悲伤的事，如慈母的去世。海伦后来还介绍了在生活中遇到的一些伟人，如爱迪生、马克·吐温，等等。

文学评赏

马克·吐温说过，19世纪出了两个了不起的人物，一个是拿破仑，一个就是海伦·凯勒。美国著名作家海尔博士也曾断言，海伦的《我生活的故事》是1903年文学上最重大的贡献之一。品读《假如给我三天光明》，读者对于被誉为"精神楷模"的海伦和作为一个出色作家的海伦都可以有一个初步的了解。

"修辞立其诚"，这是写好文章的要诀。一篇好的散文，必定是作者至性真情的流露。《假如给我三天光明》是引人入胜的，想象是那样丰富，文笔是那样流畅；但它之所以能深深地打动读者，还在于它的真挚而强烈的感情，在于它所给予读者的敞开心扉的亲切感。在这篇用第一人称写的、富于激情的作品里，作者倾诉了她对生活的礼赞，表达了她的生活态度。正由于文章是作者至性真情的流露，所以虽然整篇文章都是虚拟的，所记叙的事情多是非现实的，但读者仍然感受到了更高的真实——情感的真实。

在文章中，作者处处用视听健全的人来和自己作比，整篇文章都是用对比的手法来写的。作者在对比中表达了她的生活态度，人对生活要有强烈的紧迫感。缺乏这种态度，虽然视听健全，却有可能什么都看不见；具备了这一生活态度，人们将会发现面前敞开了一个美丽的新世界。

遭遇到像作者这样严重生理缺陷的人是少有的。但是对于作者，生活依然是美好的。作者以动人的、富于诗意的笔触，表达了她对生活的爱恋。作者在她虚构的"三天"里所集中表现的，乃是对人类生活的高度礼赞，它赞美了人们生于斯、长于斯、繁衍于斯的大自然，称颂了人类往昔的历程与现代的文明、灿烂的文化和沸腾的生活。在文学作品中，作家对自然、对历史的刻画与她的精神世界的深度是不可分的。作家在阐释自然、历史时也阐释了自己的心灵。在海伦对自然、历史、人的礼赞中，我们也能感受到她对这一切的深刻理解。

认识作者

　　海伦·凯勒（1880 年 6 月 27 日至 1968 年 6 月 1 日），是美国盲聋女作家和残障教育家。1880 年出生于亚拉巴马州北部一个叫塔斯喀姆比亚的城镇。她在 19 个月的时候因猩红热丧失视力和听力，接着，又丧失了语言表达能力。然而就在这黑暗而又寂寞的世界里，她在导师安妮·莎莉文的帮助下，学会了读书和说话，并开始和其他人沟通。她以优异的成绩毕业于美国哈佛大学拉德克利夫学院，成为一个学识渊博的著名作家和教育家。她走遍美国和世界其他地方，为盲人学校募集资金，把自己的一生献给了盲人福利和教育事业，是影响世界的伟大女性之一。她赢得了世界各国人民的赞扬，并得到许多国家政府的嘉奖。主要作品有《假如给我三天光明》《我的生活》《老师》等。

《遇见未知的自己》[①]

张德芬

作品简介

　　《遇见未知的自己》由张德芬著。在半年内狂销三万本以上，位于台湾三大畅销排行榜前十名，读者反应热烈、佳评如潮。故事是从"冬天的雨夜，在荒郊野外的山区，一个没有手机、没有汽油的孤单女人"开始。女主人公若菱，自名校毕业，拥有令人美慕的工作，但心中却不时自问：为什么我不能拥有想要的生活？为什么我不快乐？我该如何当自己生命的主人？她在一次雨夜叩开了山顶小屋的门，接待她的老人为她答疑解惑，也就此展开了探索内心世界的旅程。从女主角生活的起伏和与老人的一次次对话中，我们能接触到许多的人生课题与智慧。希望我们也与书中的女主角一样，用觉知之光照亮真我，破茧而出。

本书序言

　　张德芬的第一本身心灵小说《遇见未知的自己》在台湾出版四个多月就卖

---

① 参考 http://baike.baidu.com/subview/1704287/7524926.htm? fr=aladdin。

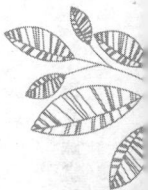

了三万本。在台湾狭小而竞争激烈的书市中，算是相当难得的异数了。之后，我陆续收到读者的来信和反馈，诉说这本书如何触动了他们的心灵，开启了一个全新不同的人生观。很多人从来没有接触过身心灵方面的东西，虽然一直好奇，但是觉得大部分的书深奥难懂，也不知如何入门。他们觉得这本书提供了一个很好的入门地图。

你现在手上拿着这本书，希望你给自己，也给我一个机会，静下心来好好读它。如果你是处在一个停滞的阶段，不知道下一步该怎么走，也许就在本书的字里行间，你会有心领神会的一刻，因而答案自动浮现。

各界评论

2009年是我人生中灾难性的一年，人生观几乎被全面颠覆。有位朋友送给我一本《遇见未知的自己》，当我看到遭遇各种困境的女主人公通过自我回观，找回重新面对生活、创建崭新人生的力量时，我非常感动和感慨。其实，就像张德芬说的：亲爱的，外面没有别人，只有自己。从逆境中走出来后，我多次把这本书送给身边的朋友，希望大家也能唤醒那个沉睡的自己，踏上爱和喜悦的心灵旅程。

——郝 蕾

这本书让我们惊鸿一瞥那个一直都在的深层的自己，如此地陌生又熟悉。让我们和自己真实的源头越来越近，人生从此变得富有创造性。

——刘亦菲

我特别喜欢《遇见未知的自己》这本书，它虽然没有华丽的文字，但是充满智慧。读完之后，你真的会觉得人生没有什么过不去的坎儿。

——李 娜

《遇见未知的自己》可以说是一本拯救过我的书，它让我学会了臣服和接受。我推荐给所有像我曾经那样消极思考的朋友，你会在书中找到所有你的答案。

——杨 幂

认识作者

张德芬，台湾大学企管系毕业，担任台湾电视公司新闻记者/主播多年后，去美国加州大学洛杉矶分校取得了企管硕士（MBA）的学位。2002年开始，她受到启发与指引，辞去高薪的工作，专心研修瑜伽以及各类心灵成长课程以及心理治疗方法，体悟了许多灵性及个人成长方面的心得。2007年6月在台湾出版第一本有关身心灵成长的小说《遇见未知的自己》。该书位列台湾各大书店畅销排行榜，读者反应空前热烈。

五年多来，她学习了各种不同的心灵成长以及心理治疗方法，并且博览中英文有关著作，透过时时刻刻活在当下以及观察自己的修炼，得到了许多灵性及个人成长方面的心得体悟。她还取得了中国国家心理咨询师的执照。现在最关心的是"人类意识的进化与提升"，为地球美好的未来贡献一己之力。目前与家人长期定居北京。

著有身心灵畅销书《遇见未知的自己》《遇见心想事成的自己》和《活出全新的自己》，同时翻译有德国心灵导师艾克哈特·托尔的作品《新世界：灵性的觉醒》和加拿大知见心理学领袖克里斯多福·孟的《找回你的生命礼物》。

2013年9月出版全新作品《舍得让你爱的人受苦》，继《遇见未知的自己》后进一步带领大家探讨人生中更深层的成长课题——和他人的关系。

经典语录

我们人所有受苦的根源就是来自不清楚自己是谁，而盲目地去攀附、追求那些不能代表我们的东西。

每个父母也是人，他们有他们自己的限制。但是你要相信，在过去的每一刻，你的父母都已经尽他们所能地在扮演好他们的角色。他们也许不是最好的父母，但是他们所知有限，资源也有限。在诸多限制下，你所得到的已经是他们尽力之后的结果了。

我们从小到大，都有一个意识，那个意识在你小时候有记忆以来，就一直存在，陪着你上学、读书、结婚、做事。所以，有一个东西，在我们里面是一直没有变的。尽管我们的身体、感情、感受、知识和经验都一直在改变，但是我们仍然保有一个基本的内在真我的感觉。这个内在真我不会随你的身体而生，也不随着死亡而消失，它可以观察人生百态，欣赏日出月落，云起云灭，而岁月的流转，环境的变迁，都不会改变它。

所以如果一个人充满了快乐、正面的思想，那么好的人、事、物都会和他起共鸣，而且会被他吸过来。同样的，如果一个人老带着悲观、愤世嫉俗的思想，那么难怪这个人常有倒霉的事发生在他身上了。

　　现代的社会像个战场，每个人都在用不同的方式试着夺取别人的能量，想控制他人、用权力凌驾他人、获得别人的关注、认可、喜爱，或是证明自己是对的、好的、高人一等的，不一而足。

　　大约一百年前，我们伟大的心理学家发现了人类的潜意识。它控制了我们的思想、感觉、行为以及对人、事物的反应，还有我们的人际关系和做决定的过程。它是一个看不见的世界，但是主宰着我们外在的世界。我们的意识、自我的了解、思考、理性、判断、感情都是从潜意识来的。我们在意识层面对自己的一切的认知、喜好，只是占了我们自己全貌的1%而已。潜意识是非常强大的力量，它对我们的自我有完全的影响，而它的99%是我们所不知道的。如果你不断重复做某件事，在生理学上来说，我们某些神经和细胞之间就会建立起长期且固定的关系，比方说，如果你每天都生气，感到挫折，每天都很凄惨痛苦……那么，你就是每天都在重复地为那张神经网络接线和整合，这就变成了你的一个情绪模式。

　　性格倾向×外在环境×各种教育×生活事件×前世业力（如果你信的话）＝人生模式

　　我不是我的工作、我不是我的表现、我不是我的成功，也不是我的失败。这些外在的东西，丝毫动摇不到我那个内在的真我，看清楚小我的虚假认同！

　　所有造成我们和真我隔绝的东西都像黑暗一样，我们所能做的，就是拿觉知之光去照亮它们。在身体表面的这个部分，所谓觉知之光就是重新和我们的身体联结。我们一般人对自己的身体只有5%的了解和控制，身体的95%是在潜意识的状态下用自动导航系统在操控的。所以，找回与身体的联结就可以帮助我们把5%的版图扩大，找回更多的自己。——与你的身体对话，倾听你身体的讯息。基本上，任何能让你专心一致、活在当下的运动，都可以帮你与身体重新联结，所以运动本身不重要，重要的是你在做它时的心态和状况。如果我们习惯于注意自己身体的感觉，时时安抚照顾它的话，很多疾病就不会因为日积月累而产生。

第三单元　爱的养料　幸福基石

亲情是黑夜里的一盏灯，雪地里的一盆火；亲情是妈妈永远的唠叨，是爸爸不变的沉默。父母大爱，亲情无形，它流淌于我们心灵深处，弥漫于我们的生命历程。亲情是平凡的，也是伟大的，它沉浸于万物之中，充盈于天地之间，绵远悠长，是浸润生命的爱的养料。

或许你正年少轻狂，请试着在交流与沟通中理解父亲笔下涓涓流淌的爱的诗行。

或许你正慢慢成熟，请在泪水中用心体会一个即将远行的父亲对孩子的良苦用心。

幸福随时随地都在我们身边，只要我们去发现和把握，以知足常乐的心态作为幸福的基石，幸福就会源源不断地向我们的心里走来。

善良博爱的海子祝愿世人获得幸福，幸福就不仅仅是面朝大海，春暖花开。

感悟人生的李瑛深情地告诉孩子，幸福无处不在，幸福与痛苦相伴相生。

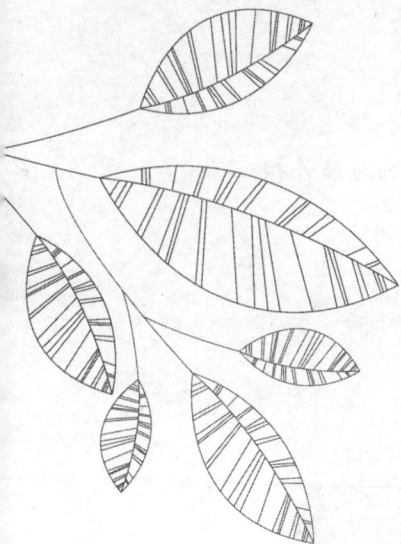

9

十八岁和其他①

杨 子

📖 **阅读提示**

这是一份独特而珍贵的生日礼物——作者杨子为"贺长子东东生日",以自己的人生经历和深刻的人生感悟,诉说了对儿子深深的疼爱、理解和期望之情。

作者围绕"十八岁""两代人的矛盾""读书的苦乐"和"青春"几个青春时期重要的人生话题,叙写了面对孩子成长既迷惘又欣慰的复杂心情,剖析了两代人的矛盾,谈论了读书的苦与乐,赞颂了青春的美好,并劝诫孩子要永葆赤子之心,惜时如金。

十八岁的孩子自尊、敏感,初步具备了独立意识,盛气凌人的说教只会招致他们的反感。作者深知这一点,所以,他以朋友的身份,用书信与孩子展开倾心的交谈,让孩子在被充分理解、尊重与信任的氛围中,受到心灵的震动和感化。品读课文,我们能在

---

① 选自《台湾散文精粹》(湖南文艺出版社 1988 年版),有删改。

字里行间体会出一个父亲的浓浓爱意和良苦用心。希望通过学习课文，你会对自己的父母有一个全新的认识和理解。

一、十八岁

东东：

想到今天是你十八岁的生日，我有一份"孩子长大了"的欣慰，也有一份似水流年的迷惘。似乎，抱着初生的你到医生处诊治你的"脱肠"，半夜喊破喉咙把医生从睡梦中叫起，那种焦急忧虑，还像是昨天的事。似乎，你刚能坐起，我在院子里为你拍照，假日带你坐在脚踏车前头藤椅上到处炫耀，那种激动喜悦，也还是昨天的事。怎么，昨天和今天，竟是十八年的光阴了！诗人说："在东方似是晨曦初露，乍回身，已是大地明亮。"这正可引来描述我突然想起你已是十八岁的心情。你也许会笑我，我就是那么时常把你看作缠绕身边的孩子呢！

十八岁有许许多多令人沉湎眷恋的回忆。我不知道我对你的爱，十八年来是否夹杂有一些不经心的、任性的以及成人对孩子不够了解的责备，而曾使你难过。我读过一个父亲因对孩子无端发脾气，伤了孩子的心，而事后深表懊悔的文章。一位日本作家也说："当孩子在你身边的时候，多宠爱他们吧。不要等到你不能宠爱他们时再来后悔。"东东，假如人生能够重来一次，我真会情愿溺爱你的！

孩子长大了，许多父母都会感到一些无法再把握孩子童年的惆怅。因为，孩子长大了，便不再整天黏着你了，他有了自己的思想、朋友和活动天地；他不再那么依顺，他甚至开始反叛了。但是，对于我，反倒高兴有了一个可以谈话的朋友了。有什么事情可以比自己的孩子长大得能够兼为挚友更令人满意怀的啊！人生如有知己，应该以自己的孩子为最。是不？

东东，让我以这样的心情来祝贺你的十八岁生日。

二、两代人的矛盾

"父与子"时常被看做是对立的两方，意味着思想的冲突，观念的差异，新与旧的不同，进步与保守的矛盾。下一代往往在下意识中受到这流行观念的影响，好像一开始便必然处在与上一代对立的地位。孩子，我希望我们不致有这么令人不愉快的关系。其实，在这"两代的矛盾"中，许多做父母的"错"，都依然是出自爱——纵使是自以为是的爱。你也许听过、读过父母干涉儿女婚姻一类的故事，譬如反对爱女嫁给穷小子，等等，无论你如何指责这一类的行为，你依然不能抹煞他们根本的动机——关怀子女的幸福。

在"两代的矛盾"中，可能有一部分是源于父母的愚昧和落伍，但也有一部分是出自下一代对父母经验的无条件否定，出自年轻人的盲目反抗与追求"成熟""独立"的急躁。不过，一切悲剧的造成，都由于父母与子女间有时不能像朋友般地把问题摊出来谈谈，大家尽可能地过一种较随便的、不拘束的、较多接触的共同生活。东东，美国作家劳伦斯著有一本叫做《我的父亲》的书（你可以在我的书架上找到），在他的描写里，他父亲一样有许多惹儿女烦厌的"严父"怪癖。但是，就因为他们父子彼此多了点"友情"和理解，两代间的关系充满了和谐的快乐。孩子，我从小丧父，没有享受过父爱，也没有机会服从或反抗父亲。但是，即使对于温柔、慈祥的母爱，我也曾犯过盲目反抗的错误。等到了解"可怜天下父母心"的深情时，已是后悔莫及！

孩子，我可能有许多错误，你也可能有许多错误，可是，希望你踏进"反抗"的年龄时，能够避免流行的"父与子"观念的感染，避免摭拾一些概念、术语，轻率地对父母下评断。而我，当你踏进"反抗"的年龄时，能够对你们"下一代"有更深的了解与同情，在思想上不至于老旧得太追不上属于你的时代。

孩子，我真希望你们兄妹，把父母看做可以谈心的知己，让我们共享你们的喜乐，分担你们的烦恼。

三、读书的苦乐

现在你正为准备大专联考而深感读书之苦，我像其他的父母一样，虽然极端同情你却不能不鼓励你，甚至鞭策你尽全力去争取这一场残酷竞争的胜利。说起来是非常令人诧异的，享受过自由自在的读书生活的我们这一代，在思想上、制度上却布置了一个叫你们憎厌的读书环境。自以为爱护下一代的我们，却使你们读书受到那么长时期（从幼稚园到大学）的身心折磨。我记得故乡老家后院临天井的小书房里，曾祖母曾挂了一条横幅，写着"读书最乐"四个字。我年少时常为这四个字所表现的意思所感动，并引起共鸣。我们这代人是较幸运的，虽然我们读书也曾感到"光宗耀祖""十年寒窗"一类的传统压力，但并

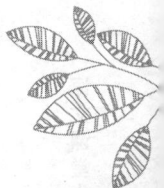

没有像你们这样喘不过气来的考试与升学的逼迫。你们的高中国文课本里也许还有蒋士铨的《鸣机夜课图记》。你可以从这篇文章中读出昔人读书之苦，但也一定能感受到那洋溢于文字中的读书乐。以我来说，从连环图画、《西游记》到《红楼梦》；从郁达夫到屠格涅夫；从徐志摩到吉辛；从新月派的诗到美国惠特曼的《草叶集》，我们少年时代，读书真到了废寝忘食的快乐程度。我现在闭着眼能清晰地看到自己一面吃饭一面读书的"迷样子"。我在你这个年龄，曾经捧着肖洛霍夫的《静静的顿河》，整夜地不睡觉，等到发觉窗外泛白，才意犹未尽地合起书本起床。这正是当前长年为考试、升学烦恼紧张的你们所难以想象的读书"闲"趣。我不能在自己孩子面前唱反升学主义的高调，尽管我希望你能随心所欲地享受读书之乐。我祈祷你能够随意读书，不再为"功课"苦恼的日子快些来临。那时你可叫做一个率性读书的人。在学问的海洋中，有无数的蓬莱仙岛，涉猎其中，其乐融融。

孩子，扯起你的帆去遨游吧。

四、青　春

十八岁使我想起初长彩羽、引吭试啼的小公鸡，使我想起翅膀甫健、开始翱翔于天空的幼鹰，整个世界填满不了十八岁男孩子的雄心和梦。

十八岁使我想起我当年跟学校大队同学远足深山。春夏初交，群峰碧绿，我漫步于参天古木之中，发现一大丛新长的桉树，枝丫上翘，新芽竞长，欣欣向荣。我指着其中挺秀的一株对同学说，这就是我，十八岁的我。好自负的年龄啊！

孩子，现在你是十八岁了，告诉我你把自己比作什么？做些什么年轻的梦？我不想向你说教，只是希望你不要想得太复杂，太现实。青春是可爱的，希望你保持纯真，永远有一颗赤子之心，人生就会满足、快乐。

东东，人到了中年便时有闲愁，怪不得词人会感叹年华一瞬，容销金镜，壮志消残，我也不免有些感触。想起一手托着你的身体，一手为你洗澡的去日；想起你吵闹不睡，我抱着你在走廊上行走半夜的情景；想起陪你考幼稚园、考初中、考高中的一段段往事；还有那无数琐碎而有趣的回忆……孩子，一切都历历在目，我真不相信十八年已溜走了。不过，看到你英姿俊发，我年轻时的梦，正由你在延展，亦深觉人生之乐，莫过于目睹下一代的成长、茁壮。你读过《金缕衣》吧，劝君惜取少年时，孩子，多珍重！

一九六六年三月十二日

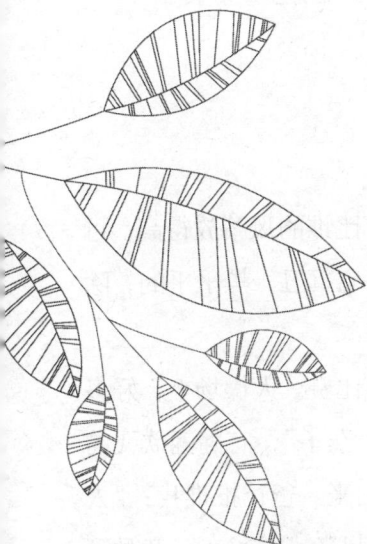

10

天国来信[①]

可 儿

📖 **阅读提示**

　　爱是信使,她把父亲的信从天国送到女儿手中。在这个世界上,没有哪个信使能像爱一样,可以走那么远;也没有哪个信使能像爱一样,可以把问候和希望及时地送给女儿。透过那一封封天国来信,我们可以看到一个即将远行的父亲对女儿满满的不舍和深深的爱。这种如同涓涓细流一样的爱呵护着孩子健康成长。

　　本文用朴素的语言、真挚的感情向我们倾诉了一个催人泪下的故事,学习的时候要从字里行间体会女儿在父亲从病重到离开的这段心路历程。

　　我的爸爸和妈妈是大学同学,又是同乡,结婚后感情极好。小时候,我爱玩,别人说我是疯丫头,我也不在乎。我常常拉着爸爸带我玩,游泳,骑自行车……几乎每天都

---

① 选自《女友》2000年第8期。

有新花样。但我至今仍深深怀念着的，还是爸爸带我放风筝。

我们大院里的孩子，每年春暖花开的日子都要一起放风筝，比谁的风筝放得高。可是，我没有风筝，家里没有钱，爸爸就用报纸给我做了一个——它真丑，黑乎乎的，除了一条长长的尾巴，什么模样都没有。

那天，爸爸带着我，就是拿着那只风筝，参加了我们的风筝比赛。大操场上，好多人哟。他们手里的风筝五颜六色，形态各异，有展着双翅的"小燕子"，有翩翩欲飞的"花蝴蝶"……漂亮极了。我差点不好意思把那只"报纸"拿出来。爸爸推推我："去吧！"我学着别人的样子，一手拿着线圈，一手拿着"报纸"跑起来。爸爸在一旁微笑地看着。

别人的风筝都起飞了。只有我的"报纸"怎么也飞不起来，我生气地一屁股坐在地上，把它扔得老远。爸爸见了，走过来，拍拍我的肩说："爸爸帮你放。"他拿起"报纸"迎风跑了起来。爸爸跑得不快，看起来很吃力。但他却不肯停下来，因为那样"报纸"也会停下来的。一段时间过去了，再看看爸爸，已是满头大汗，"报纸"终于飞上去了。爸爸坐在草地上，慢慢放线。风筝越飞越高。放眼望去，我的"报纸"风筝就像一只苍鹰在高高的天空飞翔。爸爸把线交给我，在一边静静地看着我。有谁知道，我的爸爸当时已经是肝癌晚期的病人呢？

爸爸住院的日子，妈妈请假日夜守护。我每天放学后也守在他的床边。他一边教我学外语，一边教我做数学，有时疼得他额头上汗珠滚滚，可他的脸上依然挂着笑容。妈妈不忍心，拉我回家，爸爸摇头劝阻，然后双手捧着我的头，在额上印上长久的吻。只要妈妈做了好吃的送来医院，爸爸总要留一份给我，可他留给我最多的是对生命的珍惜和对死亡的乐观。肝癌使他越来越消瘦，可他对我的笑容依然充满父亲的慈爱。有一天，他在病房疼得不住呻吟，见我进来，却平静地笑了："爸爸一直在想你，等你。"说着，他将一只漂亮的小金鱼递到我手上："你喜欢吗？"一旁的妈妈看着愣住的我，说："可儿，今天是你8岁生日，这是爸爸花了半个月时间为你编结的生日礼物。我和爸爸祝你生日快乐。"这是一只用洁白透明的塑料管编结的金鱼，两颗黑色纽扣嵌成金鱼的眼睛，使它栩栩如生。那一刻我的眼泪再也止不住落了下来。

中秋节的夜晚，爸爸硬撑着起来与我和妈妈在阳台上赏月。爸爸突然指着天幕上一颗最亮的星星说："可儿，爸爸有一天去了天国，就是那颗最明亮的星星。永远守护着你，在漆黑的夜晚。"

几个月后，爸爸走了，去了他说的天国。他还说他在那里会常常给我写信的。我知

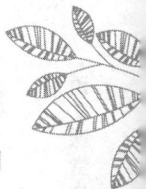

道自己永远再见不到他了，以后的日子只能与母亲相依为命。有那么一段日子，我感到特别孤独，甚至自卑，不敢上街，不敢去同学家，每天放学就把自己关在家里。我害怕看见别人的爸爸和孩子有说有笑地亲热，我开始变得孤僻、冷漠……学习成绩一落千丈。

对爸爸的思念越来越强烈地占据了我的心。每个晴朗的夜晚，我都要站在阳台上对着星空，呆立好久，然后回到自己的小屋里黯然落泪。一个没有星星的漆黑之夜，我抱着爸爸的遗像入睡，母亲说："你爸爸说，他每年都要给你写信的，我想快来了吧。"我大声哭着说："你骗人，爸爸走了，不会给我写信了……"

9岁生日那天，妈妈将红烛插上蛋糕，然后拿出一个信封对我说："你爸爸来信了，我读给你听。"说完，妈妈小心翼翼地将信封拆开，一张漂亮精致的红色贺卡滑落在桌上，我随手拾起打开，一行熟悉的字迹映入眼帘：可儿，我亲爱的女儿，你好吗？又大了一岁，长高了吧，学习成绩一定很不错。想爸爸的时候。爸爸就会在你的眼前，如同我想你，就会梦见你一样。你是我的骄傲，祝你生日快乐！是爸爸写来的，他的字迹还是那样遒劲潇洒，刚劲有力。我扑在妈妈的怀里，眼里涌出不尽的泪水。妈妈也哭了，泪水滴在我的手上："你是爸爸的女儿，他会永远陪伴着你。"

我问妈妈："爸爸还会来信吗？"妈妈告诉我说会的，每年我的生日他都会有信来。果然，第二年的生日，爸爸的信又来了。于是，在我的心里，爸爸依然活着。孤独渐渐远去，欢乐渐渐回来，学习成绩也一天天好起来，同学们都说我变了，妈妈也说我长大懂事了。

是的，正因为我懂事了，才对爸爸的信疑惑起来。他既然离开了我们，怎么还能给我写信呢。一天，妈妈上班后，我偷偷打开她的抽屉，在一个小盒里，发现一叠洁白的信封，我数了数，整整10封，每封信的封面上写着：我的好女儿可儿收。同样的笔迹，同样的墨色，妈妈不可能伪造，是爸爸亲手写的。我的双眼立刻模糊起来，有泪水在脸上流淌，脑海里全是父亲的形象，那飘飞的风筝，那黑眼睛的小金鱼，还有那长久的吻……那点点滴滴的慈爱，将我包围着，温暖着……我想把信拆开，可又唯恐父亲圣洁的深情溜走。母亲回来了，她告诉我，这些信，是爸爸在生命的最后日子里，每天晚上坐在床头写完的。最后，母亲对我说："你想看，就拆开看吧。"

我摇头，把爸爸神秘的问候和希望重新收好，这是我的精神的寄托和欢乐的源泉，是激励我努力学习好好做人的无穷动力。我要慢慢品尝，回味一生……

思想导航

一、读一读

迷惘　撷拾　怪癖　遒劲

二、想一想

十八岁是成人的标志，十八岁的孩子稚气未脱却又处处显示了独立的意识。整体感知课文，用自己的话概括作者对"十八岁""两代人的矛盾""读书的苦乐""青春"等问题的基本看法，并说说这种行文方式的好处。

三、议一议

两篇课文中都有很多细节描写，真切地体现了父亲对孩子的爱。试着从课文中找到这些细节，从自己的记忆中找出二至三个体现父母对自己关爱的细节，和同学分享自己的故事。

四、写一写

研读这两篇课文之后，你对很多问题一定有了新的认识，试采用书信体的方式与父母交流自己的看法，可以就感受较深的一个方面来谈，也可以从多个方面谈。要注意交谈的语气。

五、做一做

当代作家毕淑敏说："当我们年轻的时候不懂事，当我们懂事的时候已不再年轻。世上有些东西可以弥补，但有些东西却永远无法补偿。"所以要对一直关爱我们的父母多一份关心，多一份尊重，多一些理解，多一些珍惜。请回家后为父母做一件力所能及的事情。

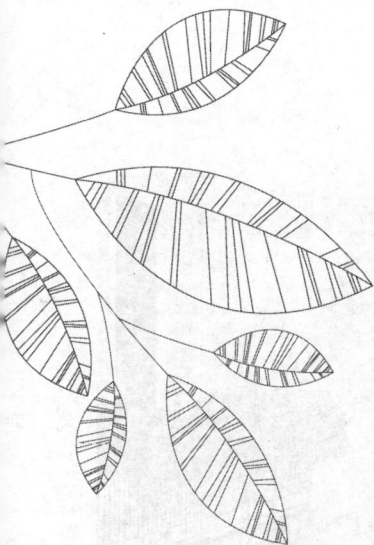

11

面朝大海，春暖花开①

海 子

📖 **阅读提示**

　　《面朝大海，春暖花开》是一首优美感人的抒情短诗。诗人用清新朴素的语言和单纯明净的意象勾勒出一幅生动的画面：喂马、劈柴、房子、大海、春暖花开。这些景象虚实结合，意蕴丰富，让人产生很多联想。诗歌表达了诗人对幸福的理解，也流露出他想与亲人分享幸福的渴望。善良博爱的诗人对世人发出由衷的祝愿，自己却"只愿面朝大海，春暖花开"，诗人的真诚告白展现了他与众不同的精神情怀。

　　从明天起，做一个幸福的人

　　喂马、劈柴，周游世界

　　从明天起，关心粮食和蔬菜

---

① 选自《海子诗全编》（上海三联书店 1997 年版）。

我有一所房子，面朝大海，春暖花开

从明天起，和每一个亲人通信
告诉他们我的幸福
那幸福的闪电告诉我的
我将告诉每一个人

给每一条河每一座山取一个温暖的名字
陌生人，我也为你祝福
愿你有一个灿烂的前程
愿你有情人终成眷属
愿你在尘世获得幸福
我只愿面朝大海，春暖花开

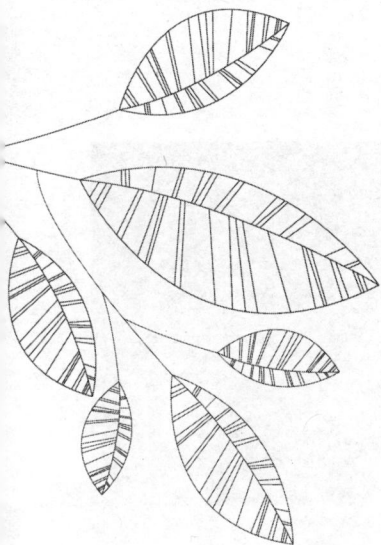

12

幸福，告诉我们的孩子

李 瑛

📖 阅读提示

　　本文是一首饱含哲理的抒情诗。诗人以独特的眼光捕捉到生活中的几个细节，用拟人化的手法描写了丰收的镰刀、静立的果树、急切的归鸟、微笑的浆果，也描写了家庭的温馨相聚，并深情地告诉孩子——"在苦涩中长大的幸福/和痛苦一样近"，形象地揭示了幸福无处不在而且幸福有时会与痛苦相伴相生的道理。这首诗反映了诗人对自然与人生的深刻感悟，表达了对孩子们的殷切期望：热爱生活，理解并创造幸福，以乐观的态度面对一切。

当丰收的镰刀挂在屋檐下
喘息
酒杯斟满
我想到幸福

当一棵摘净果子的树
轻松地瞩望田野
不肯走开，等待来春
我想到幸福

黄昏，归鸟
急切地一闪而过
我想到幸福
淅淅沥沥的小雨
带着幽香滚下花瓣的茸毛
茑萝绿色的卷须轻轻颤动
此时，一粒红色浆果
从湿淋淋的灌木丛
望着世界微笑
我想到幸福

当你和你的乳名一起
重新回到母亲的怀里
梦幻般温柔
当两只杯子后面
深情的黑眸子燃烧起来
花朵便开放了
告诉我们的孩子
在苦涩中长大的幸福
和痛苦一样近，一样寂静
会流泪却永远不会衰老
无论结晶成盐或结晶成糖
都深深地埋进心头吧

思考导航

一、读一读

1. 给下列加点的词注音。

劈柴　眷属　镰刀　斟满　瞩望　苈萝

2. 知人论世。

海子，原名查海生，1964 年 3 月生于安徽怀宁县高河查湾。1979 年考入北京大学法律系，1983 年毕业后任教于中国政法大学。1989 年 3 月 26 日卒于河北山海关。已出版作品有长诗《土地》和短诗选集《海子、骆一禾作品集》。

李瑛，1949 年毕业于北京大学中文系。同年参加中国人民解放军。曾任新华通讯社第四野战军总社记者。参加了广东、广西等战役。建国后，历任总政治部文化部秘书，《解放军文艺》编辑、编辑组组长、副社长、社长，总政治部文化部副部长、部长，中国作协第三届理事、第四届主席团委员，中国文联第五届副主席，国际笔会中国笔会中心理事。

二、想一想

1. 意象是诗歌中具有象征意味的事物或景象，它常常和作者的思想感情融合在一起，我们也可以把它看做是代表某种意义的符号。朗读《面朝大海，春暖花开》，看看诗人主要运用了哪些意象来表达对幸福的理解，并结合诗歌的思想内容思考这些意象及其组成的画面有什么象征意义。

2.《幸福——告诉我们的孩子》这首诗画面生动形象，给人以丰富的审美感受。试举例分析作者主要是通过什么方法取得这种表达效果的。

三、议一议

这两位诗人从不同的角度思考幸福，用诗歌的形式表达了对幸福的理解和认识。学习了这两首诗后，你受到了哪些启发？

四、写一写

请把你印象深刻的诗句摘抄下来。

五、做一做

充满感情地朗读这两首诗，要充分发挥联想和想象，仔细体味诗歌中所蕴涵的思想和情感。

生命箴言

身体发肤，受之父母。——孔子

羊有跪乳之恩，鸦有反哺之义。——古语

父母对儿女的心情，简直是一种宗教：儿子就是一个如来佛，女儿就是一个观世音。

——王力

父母的心是儿女的天堂。——海斯堡

爱是生命的火焰，没有它，一切变成黑暗。——罗曼·罗兰

人类之所以感到幸福的原因，并不是身体健康，也不是财产富足；幸福的感受是由于心多诚直，智慧丰硕。

——德谟克利特

把别人的幸福当作自己的幸福，把鲜花献给别人，把荆棘留给自己。

——巴尔德斯

幸福越与人共享，它的价值越增加。——森村诚一

人类的一切努力的目的在于获得幸福。——欧文

只有整个人类的幸福，才是你的幸福。——狄慈根

美文欣赏

《友情的树枝》

刘 佳

友情更像一棵树，只要你细心，它就可以枝繁叶茂。但这是棵树，有些枝条要好好地保护，而有些枝条却要果断地修剪掉，树才能顺利生长。

有一枝叫敏感，它总是放肆地生长着，烦扰着我对朋友的心情。我曾经过于注重朋友对自己的态度，而不关心原因。我总认为友情应是专一的，最好的

朋友只有一个，也要求朋友对我也同样专一，永远充满热情。无论何时我需要帮助，甚至半夜把朋友从梦里拉起来聊天，她（他）也应毫无怨言，我不允许被朋友冷落，即使高朋满座，也不能把我遗忘……后来，在失去了许多朋友之后，我才明白，友情是默默地关怀。每个人都在为生活奔忙着，只要彼此知道牵挂着对方，有了困难便无条件地帮忙，最少我知道有可诉苦的去处，这就足够了。何必对友情刻薄呢？于是，我果断地砍掉这枝树权。

有一枝叫抱怨。即使是再要好的朋友也不能忍受对他（她）的抱怨，友情是美好的，但不完美，就像世间的事物一样，朋友之间也难免会有误解或矛盾，每个人都有性格，也许你不会当面指责朋友的错误，但若是到另一个朋友那里去说闲话，那就更糟了。因为你失去了将不只是一个人的友谊。我毫不犹豫地砍下这一枝。

面前又有一枝叫自视聪明。如果你有才华或自视有才华，而且觉得自己很聪明雄心勃勃，或事业小成，就可以趾高气扬地在朋友面前炫耀，并自恃内行而压制别人的思想，那是非常错误的。因为朋友之间是平等的，当你失败的时候正是他们来安慰你、鼓励你，每个朋友都见过你的落魄和奋斗的全过程，并为你的成功而高兴；如今你的狂妄会让人感到虚假和忘恩负义，骄傲会变成对友情的轻视，当你认为友谊不那么重要时，它便会悄悄远离了。赶快剪掉它。

生命感悟

_____

_____

_____

_____

_____

_____

_____

_____

_____

开卷有益

《世界上最疼我的那个人去了》①

张　洁

作品简介

这是对母亲去世的最沉重的悼念；这是对母爱凄婉、深长的颂歌；十几万字、七十几幅图片，详尽记录了母亲生命中最后的八十多个日夜；很少有这样刻骨铭心的长篇自述；它讲述的是生命、爱和灵魂的故事。

所有的磕碰、琐碎、缠绵，一夜之间都不复存在，只有这些椎心泣血的文字，诉说着永远的母女之情。书中的照片和文字一起讲述着母亲的故事、母女的故事，以及母亲、女儿、外孙女的故事。本书封面为张洁亲自设计。流泪的老鸟和小鸟，是张洁初学油画时的习作。世界上最疼你的人是谁？母亲这个名词也许很难有人代替。当一个人在五十四岁的时候成为孤儿，要比在四岁的时候成为孤儿苦多了。张洁把自己和母亲的最后的回忆写成了此书。

原文欣赏

妈紧紧闭着她的嘴。无论我和小阿姨怎么叫她，她都不应了。

我觉得她不是不能呼或吸，而是憋着一口气在嘴里，不呼也不吸。那紧闭的嘴里一定含着没有吐出来的极深的委屈。

那是什么呢？想了差不多半年才想通，她是把她最大的委屈，生和死的委屈紧紧地含在嘴里了。

妈永远地闭上了她的嘴。有多少次她想要对我们一诉衷肠，而我又始终没有认真倾听的耐心，只好带着不愿再烦扰我们的自尊和遗憾走了。我只想到自己无时不需要妈的呵护、关照、倾听……从来也没想过妈也有需要我呵护、关照、倾听的时候。

我亲吻着妈的脸颊，脸颊上有新鲜植物的清新。那面颊上的温暖、弹性仍

---

① 参考 http://baike.baidu.com/subview/670465/7075384.htm#viewPageContent。

然是我自小所熟悉、所亲吻的那样，不论在任何时候，或任何情况下，我都能准确无误地辨出。可从今以后再没有什么需要分辨的了。

为什么长大以后我很少再亲吻她？

记得几年前的一天，也许就是前年或大前年，忘记了是为什么，心情少有的好，我在妈脸上重重地吻了一下，至今我还能回忆起妈那幸福的、半合着眼的样子。为什么人一长大，就丢掉了很多能让母亲快乐的过去？难道这就是成长、成熟？

现在，不论我再亲吻妈多少，也只是我单方的依恋了，妈是再也不会知道，再不会感受我的亲吻带给她的快乐了。

她那一生都处在亢奋、紧张状态下的，紧凑、深刻、坚硬、光亮、坚挺了一辈子的皱纹，现在松弛了，疲软了，暗淡了，风息浪止了。

从我记事起，她那即使在高兴时也难以完全解开的双眉，现在是永远地舒展了。

她的眼睛闭上了。

真正让我感到她生命终止的、她已离我而去永远不会再来的，既不是没有了呼吸，也不是心脏不再跳动，而是她那双不论何时何地、总在追随着我的、充满慈爱的目光，已经永远地关闭在她眼睑的后面，再也不会看着我了。我一想起她那对瞳仁已经扩散，再也不会转动的眼睛，我就毛发辣然，心痛欲裂。

我也不相信妈就再也不能看我，就在春天，妈还给我削苹果呢。我相信我能从无数个削好的苹果中，一眼就能认出她削的苹果，每一处换刀的地方，都有一个她才能削出的弧度，和她才能削出的长度，拙实敦厚；就在几个月前，妈还给我熬中药呢……我翻开她的眼睑，想要她再看我一眼。可是小阿姨说，那样妈就永远闭不上眼睛了。

妈，您真的可以安心地走了吗？其实您是不该瞑目的。

从火葬场回来后，我拿起妈昨天晚上洗澡时换下的内衣，衣服上还残留着妈的体味。我把脸深深地埋了进去。

我就那么抱着她的衣服，站在洗澡间里。可是妈的体味、气息也渐渐地消散了。

我一件件抚摸着她用过的东西；坐一坐她坐过的沙发；戴一戴她戴过的手表；穿一穿她穿过的衣裳……心里想，我永远地失去了她，我是再也看不见她了。其实，一个人在 54 岁的时候成为孤儿，要比在 4 岁的时候成为孤儿苦多了。

我收起妈用过的牙刷、牙膏。牙刷上还残留着妈没有冲洗净的牙膏。就在昨天，妈还用它们刷牙来着。

我收拾着妈的遗物，似乎收拾起她的一生。想着，一个人的一生就这样地结束了，结束在一筒所剩不多的牙膏和一柄还残留着牙膏的牙刷这里。不论她吃过什么样的千辛万苦，有着怎样曲折痛苦的一生。

我特意留下她过去做鞋的纸样，用报纸剪的，或用画报剪的。上面有她钉过的密麻的针脚。很多年我们买不起鞋，全靠母亲一针针、一线线地缝制；也特意留下那些补了又补的衣服和袜子，每一块补丁都让我想起我们过去的日子。起先是妈在不停地缝补，渐渐地换成了我……我猛然一惊地想，我们原本可能会一代接着一代地补下去……

如今，我已一无所有。妈这一走，这个世界和我就一点关系也没有了。女儿已经独立，她不再需要我的庇护。在待人处事方面，我有时还得仰仗她的点拨，何况还很有出息。只有年迈的、不能自立的妈才是最需要我的。需要我为之劳累、为之争气、为之出息……如今这个最需要我的人已经远去。

真是万念俱灰，情缘已了。

现在我已知道，死是这样地近……

直到现在，我还不习惯一转身已经寻不见妈的身影，一回家已经不能先叫一声"妈"，一进家门已经没有妈颤巍巍地扶着门框在等我的生活。

看到报纸上不管是谁的讣告，我仍情不自禁地先看故人的享年，比一比妈的享年孰多孰少。

有一次在和平里商场看到一位年轻的母亲为女儿购买被褥，我偷偷地滞留在那女孩的一旁，希望重温一下我像她一样小的时候，妈带我上街时的情景。多年来妈已不能带着我上街给我买一个什么，就是她活着也不能了。我也不再带着女儿上街给她买一个什么。我不但长大，并已渐入老境，女儿也已长大。每一个人都会渐渐地离开母亲的翅膀。

看到一位和妈年龄相仿，身体又很硬朗的老人，总想走上前去，问人家一句"您老人家的高寿？"心里不知问谁地问道：为什么人家还活着而妈却不在了？

听到有人叫"妈"，我仍然会驻足伫立，回味着我也能这样叫"妈"的时光，吞咽下我已然不能这样叫"妈"的悲凉。

在商店里看见适合妈穿的衣服，还会情不自禁地张望很久，涌起给妈买一件的冲动。

见到满大街出租的迷你"巴士"，就会埋怨地想，为什么这种车在妈去世后才泛滥起来，要是早就如此兴旺，妈就会享有很多的方便。

每每见到女儿出息或出落得不同凡响的模样，一刹那间还会想：我要告诉妈，妈一定高兴得不得了。但在这一刹那过去，便知道其实已无人可以和我分享这份满足。

我常常真切地感到，她就在我身边走来走去，好像我一回头就能看见她趴在我电脑桌旁的窗户上，对着前门大街的霓虹灯火说道："真好看呐。"可我一伸出手去，却触摸不到一个实在的她。

我也觉得随时就会听见她低低地叫我一声："小洁！"可我旋即知道，小洁这个称呼跟着妈一起永远地从世界上消失了。谁还能再低低地叫一声我的小名呢？就是有人再叫我一声"小洁"，那也不是妈的呼唤了。

谁还能来跟我一起念叨那五味俱全的往事……

我终于明白：爱人是可以更换的，而母亲却是唯一的。

《妞妞：一个父亲的札记》[①]

周国平

作品简介

《妞妞：一个父亲的札记》是周国平以其个人经历写成的一部纪实文学，最初在 1996 年由上海人民出版社出版，曾获首届全国优秀青年读物一等奖。1998 年获全国优秀青年读物一等奖。这不是一本书，而是一个父亲用感情的一砖一瓦垒筑起来的一座坟！周国平是一个哲学家，更是一个父亲，一个爱他的孩子胜过一切哲学的父亲，甚至只要他的孩子活着，随便什么哲学死去都好。

它的主角是一个仅活了 562 天便夭折的小女孩——妞妞。其母雨儿在怀孕 5 个月时感冒，医生执意以大量 X 光照射。妞妞出生后左眼瞳孔与别的孩子不同，最终被确诊为恶性眼底肿瘤。父母给她以最细心的照料，最终还是无法挽

① 参考 http://baike.baidu.com/view/3532558.htm。

妞妞：一个父亲的札记

回她的生命,父母也最终分手。全书是以父亲日记作为形式,记录妞妞成长的各种细节,第九章《妞妞小词典》则受了词典小说的影响。

作者希望以积极的态度面对未来:"人生中不可挽回的事太多,既然活着,还得朝前走。经历过巨大苦难的人有权利证明,创造幸福和承受苦难属于同一种能力。没有被苦难压倒,这不是耻辱,而是光荣。"

一个父亲守着他注定要夭折的孩子,这种场景虽异乎寻常,却令人心碎地发生了。不管我们愿不愿意,世界上是存在绝望这种东西的!妞妞出生后不久就被诊断患有绝症,带着这绝症极可爱也极可怜地度过了短促的一岁半生命。在这本书中,周国平写下了女儿妞妞的可爱和可怜,他和妻子在死亡阴影笼罩下抚育女儿的爱哀交加的心境,在摇篮旁兼墓畔的思考。对于他们来说,妞妞的故事是他们生命中最美丽也最悲惨的故事,一岁半的妞妞,摇着她的小手,轻轻地叹了一口气,停止了呼吸,离开了这个世界。作者写下这一切,因为他必须卸下压在心头的太重的思念,继续生活下去。

新版自序

本书初版至今已整整十年。十年来,有许多人为它流眼泪,也有个别人朝它啐唾沫。书有自己的命运,决定这命运的首先是读者,最终是时间,唯独不是作者。我自己的感觉是,随着岁月的流逝,这本书离我越来越远,它不再属于我。也许正因为如此,我反而能够跳出来,比较平静地面对读者的反应。

我想对流泪的读者说:在人世间,每天都有灾难发生,更悲惨的还有的是,请不要为书中讲述的十多年前某个小家庭的悲情故事流泪了。十多年前,我初为人父,偏偏遭遇和自己亲骨肉的生死之别,这使我对父女亲情有了刻骨铭心的体验。然而,我所遭受的境遇虽是特殊的,我所体验到的亲情却是普遍的。读者的反馈告诉我,读了这本书,许多做父母的更加珍惜养儿育女的宝贵经历了,许多做儿女的更加理解父母的爱心了。上天降灾于我,仿佛是为了在我眼前把亲情从平凡的日常生活中剥离出来,让我看清楚它的无比珍贵,并通过我向人们传达。如果说本书还有一点价值,这也许是其中之一。

我还想说:虽然我所遭遇的苦难是特殊的,但是,人生在世,苦难是寻常事,无人能担保自己幸免,区别只在于形式。我相信,在苦难中,一个人能够更深地体悟人生的某些真相,而这也许是本书的另一个价值。我从来不是超然

的哲人，相反，永远是带着血肉之躯承受和思考苦难的。置身于一个具体的苦难中，我身上的人性的弱点也一定会暴露出来，盲目、恐惧、软弱、自私等其实是凡俗之人的苦难的组成部分，我对此毫不避讳。如果那些啐唾沫的读者听得进去，这些话也是对他们说的。

作为一本书的《妞妞》已经不属于我，任凭读者和时间去评判。作为女儿的妞妞始终在我和雨儿的心中，任何评判都与她无关。妞妞永远一岁半，她在时间之外。我的生活没有停留在十多年前的那个苦难上面，它仍在前行，其后又发生了许多事情，这证明我的确是一个受制于时间的凡俗之人。但是，我知道，我心中有一个角落，它是超越于时间的，我能在那里与妞妞见面。我还知道，我前方有一片天地，它也是超越于时间的，我将在那里与妞妞会合。

媒体评论

我觉得周国平为他女儿著这部书是他为捍卫生命的尊严以笔为刀与死亡所做的一场肉搏战。(《今日晚报》)

当我买下了那本摆在书架上的《妞妞》，读完了周国平满纸的冷峻和温柔，我想说的是，在这个世界上，其实，我们都是妞妞。(《南昌晚报》)

《妞妞》是为除周国平之外的另一个或其他许多的寂寞而写的。周国平大概永远不会知道，陪着他的寂寞坐着的，另外还有很多寂寞。(《齐鲁晚报》)

作为妞妞的生父，周国平有着许多难以超越的亲子之情，所以向他不可能奢谈意义，而作为没有过妞妞的我们，又无从超越。但我们渴望超越，渴望通过意义引渡我们。这才是我们的痛点……(《文艺报》)

在美国，有两所著名的医学院——得克萨斯大学医学院和明尼苏达大学医学院——已将《妞妞》一书作为案例编进了讲义，讲义科目为医学伦理学。所以在美国，《妞妞》被视为中国医学人文学的重要作品。如此判断理由充分：《妞妞》不仅仅是一个作者亲历的悲情往事，而且它还展现出一个鲜活的病人世界。(《北京晚报》)

作者要说的话

现在我又有了一个女儿，和妞妞一样可爱，但拥有妞妞没有的健康，当然，我非常爱她，丝毫不亚于当初爱妞妞。我甚至要说，现在她占据了我的全部父爱，因为在此时此刻，她就是我的唯一的孩子，就是世界上的一切孩子，就像那时候妞妞是唯一的和一切的孩子一样。

这没有什么不对，一切新生命都来自同一个神圣的源泉，都是令人不得不惊喜的奇迹，不得不爱的宝贝。

可是，当我看着我的女儿一天天成长，接近然后越过了妞妞最后的年龄，当我因为她的聪明活泼而欢笑时，常常会有一个声音在我心里响起：妞妞，妞妞太可怜了！于是我知道了，尽管我今天有幸再次为人父，经历了沧桑的心毕竟不是一样的了。妞妞并未远离，她只是潜入了我心中的最深处，她始终在那里为自己的人间命运而叹息。

我感谢上苍又赐给了我做父亲的天伦之乐。但是，请不要说这是对我曾经丧女的一个补偿吧，请不要说新来的小生命是对失去的小生命的一个替代吧。我宁可认为，新生命的到来是我生活中的一个独立的事件，与我过去的经历没有任何因果关系。妞妞依然是不可替代的，而我现在的女儿不能、不应该，并且我也无意要她成为一个替代。所以，无论我的家庭状况已经和将会发生怎样的变化，《妞妞》始终是一个独立的文本，它的存在不会也不应受到丝毫影响。

第四单元 平等尊重 精神成长

　　我们生活的世界不乏温情，亲情、友情、爱情是永恒的主题；我们生活的世界却缺少博爱，我们周围弥漫着对强者的仇恨和对弱者的歧视，充满着对特权的追逐和眼热，而对于公平与正义的吁求和呼唤，是那样的稀缺和微弱。

　　唐诗，凝聚着我们中华民族文化传统中最值得珍惜和承袭的精华。常读唐诗，会拂去我们灵魂上的厚尘积垢，涤出一些真、善、美的欣悦。

　　一个健康的社会，必然要将生命看得高于一切。我们的教育应着力培植生命平等意识，高扬生命情怀，用生命去温暖生命，用生命去呵护生命。

　　人生的瓶子容量有限，我们要把生命中的"大石头"摆在重要的位置，分清轻重缓急，懂得进退取舍，在正确的时间段做正确的事情。

抓了芝麻，丢了西瓜，等到醒悟，悔之晚矣。

每个人都有精神的小屋，有的人的屋子装满了珍宝，有的人的屋子装满了垃圾。如果我们希望生活得健康而幸福，一定要常常清扫我们的精神小屋，让屋子明亮而整洁。

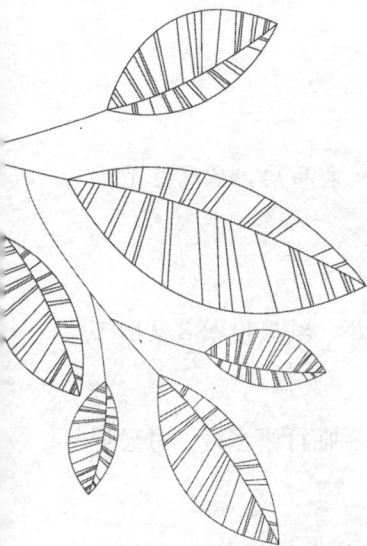

13

十首足矣[①]

刘心武

📖 阅读提示

　　唐朝是中国历史上较为开放的时期，唐诗是这一时期社会生活的文学记录，抒发了各族人民丰富多彩的生活感受。在中华文明灿烂的历史长卷中，唐诗是绚丽的华章，至今依然散发着无穷的艺术魅力。

　　课文中，作者以人们对诗歌的大众化理解为基础，结合自身的生活体验，从独特的角度对十首唐诗进行了品读和感悟，指出"这十首唐诗凝聚着我们中华民族文化传统中最值得珍惜和承袭的精华，并且也体现着我们中华民族对美的追求所达到的一种全人类必须仰望的高度"，呼吁人们"读一点唐诗、背一点唐诗、品一点唐诗、悟一点唐诗"。

　　文章意蕴丰厚，思想深邃，贯穿十首诗的线索是对美好人性与和谐社会的渴望。对

---

① 选自刘心武《我是怎样的一个瓶子》（成都出版社 1993 年版）。

于课文中的十首唐诗，要结合作者的思考和自己对生活的认知反复品读，从这些早已熟悉的唐诗中读出新的人生感悟。

　　香港一家文化机构不久前举办了一项"最受欢迎唐诗"的选举，结果投票者从成千上万首唐诗中票数相当集中地选出十首来。

　　列在榜首的是孟郊的《游子吟》："慈母手中线，游子身上衣。临行密密缝，意恐迟迟归。谁言寸草心，报得三春晖！"

　　我想不用解说，大家都懂得这是一首歌颂母亲的诗。但这首语言质朴的诗歌为什么在经历了千年的传诵后，至今仍具有最强的感染力？要理解这一奥秘，我们就必须体会到，人生在世——广义而言，无人不在羁旅之中，旅途中人固然着眼于前程，特别是实利，却不能不有所眷念，不能不保留一段热肠一片温情，不能见利而忘义，不能丧失良知人道。因而那"慈母"所构成的意象便超越了狭义的生母，而象征着孕育抚养调教指引了我们个体生命的所有外在因素，使我们对个体与他人与群体的和谐，产生出一种向往，引发出切实的努力。

　　最近在报纸上看到了一些令人难堪令人恶心乃至令人发指的报道，例如，子女虐待生母生父致死，以及后母虐待前妻生下的可爱的男孩，其生父无动于衷终至殴毙。还有一位想发横财的运动队教练，在工作不负责被解聘后，将幼小的学员绑票，妄图索取巨额赎金——最令人毛骨悚然的是这个丧尽天良的绑票者竟然连什么是"绑票"和"人质"的概念也弄不清，他是先将那男孩弄死再递送出索取巨款的通知书的，他居然不知道先"撕票"后索款是决计不可能得逞并且违反自古以来绑票者的起码常识的！哀哉！也许是我这个分析事物的角度太古怪，我总觉得，倘若这些人读过一点唐诗，不用多读，哪怕只读过这回在香港选出的十首，哪怕只体味出其不足一半的诗意，引发出哪怕些微的感动与审美愉悦，那么他们也许仍是糟糕的人物，却总不至于那么样的没有人性和那么样的颟顸！

香港人这回选出的十首唐诗都是最常见于各类选本和最易读懂字面意思的短诗，除《游子吟》外，其余九首依次是：

第二首是杜牧的《清明》："清明时节雨纷纷，路上行人欲断魂。借问酒家何处有？牧童遥指杏花村。"这首诗为什么荣列亚军？难道仅仅是因为如画如乐、明丽清新？我以为其中也蕴涵着一种温馨的人性，在"行人"与"牧童"的亲和之中，体现出一种人生乐趣的健康追求。能进入这个诗境内外的人，他忍心将那牧童绑票以谋求一己的私欲么？

第三首是李白的《静夜思》："床前明月光，疑是地上霜。举头望明月，低头思故乡。"乡土之恋，是一种最基本的人性，乡土往往决定了自己的人种属性、民族血缘、家庭谱系，乡恋之情会使我们意识到个体血脉与他人与群体的承续关系，"父老乡亲"构成了一个固定的词，很难想象对李白这首千古绝唱的怀乡诗有所感悟的人，会自己居华屋、食佳肴而将老父老母驱入猪圈，掷以残羹！

第四首是王之涣的《登鹳雀楼》："白日依山尽，黄河入海流。欲穷千里目，更上一层楼！"人生的境界，便应如此宏阔。第五首是李商隐的《乐游原》："向晚意不适，驱车登古原。夕阳无限好，只是近黄昏！"在体味到人生有层楼可上的同时，又深知人生的有限，以一种彻悟的心态维系一种进退的度数。吃透了这两首诗精髓的人，又有哪位会短视到谋取近利而不顾廉耻、妄想永葆荣华而贪得无厌呢？

第六首是孟浩然的《春晓》："春眠不觉晓，处处闻啼鸟。夜来风雨声，花落知多少。"第七首是白居易的《赋得古原草送别》："离离原上草，一岁一枯荣。野火烧不尽，春风吹又生。远芳侵古道，晴翠接荒城。又送王孙去，萋萋满别情。"第八首是李绅的《悯农》："锄禾日当午，汗滴禾下土。谁知盘中餐，粒粒皆辛苦！"我想一个多少能从这些诗名中感受到对落花这种最普通生物的怜惜，对野草这种最卑微事物枯荣的关切，以及对最普通的劳动者汗珠的珍惜的美好情愫的人，他是决计不可能对活泼儿童的生命粗暴戕害的！

最后两首是李白的《早发白帝城》："朝辞白帝彩云间，千里江陵一日还。两岸猿声啼不住，轻舟已过万重山。"和贺知章的《回乡偶书》："少小离家老大回，乡音无改鬓毛衰。儿童相见不相识，笑问客从何处来？"一是把我们引到大自然的奇瑰怀抱中，一是将我们导入人世间最朴素的人情中，反复咏诵这样一些明白如话而又美不胜收的诗句，我们灵魂上纵有厚尘积垢，总也能涤出一些真、善、美来吧？

我想许多读者当会讶怪我何以如此常见的唐诗也要首首俱录，但这十首唐诗实在最常诵常新，即使过录一遍，灵魂也总有一种难言的欣悦！倘若有的读者连这十首唐诗也不能逐一背诵或简直有的还是头一回读到，那么我恳求他们一定要把这十首唐诗背诵下来，从一定意义上说，这十首唐诗凝聚着我们中华民族文化传统中最值得珍惜和承袭的精华，并且也体现着我们中华民族对美的追求所达到的一种全人类必须仰望的高度。工作太忙吗？事情太多吗？赚钱必须抓紧吗？唱卡拉 OK、搓麻将、跳迪斯科、练气功、求算命、遛鸟、养鱼、喂猫、饲狗再没有空闲吗？当然，谁能强求谁呢？人们各自安排着属于自己的生活，但我仍要近乎痴憨地吁请人们在繁忙的生活中读一点唐诗背一点唐诗品一点唐诗悟一点唐诗——不必太多，十首足矣！

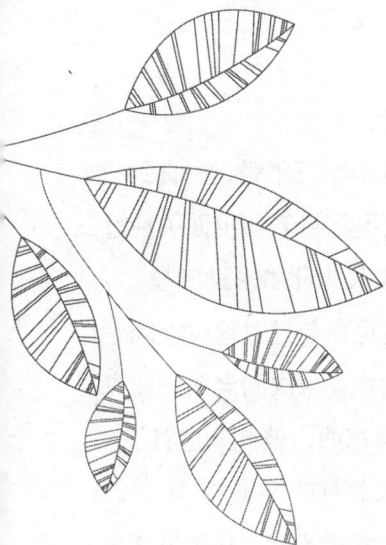

14

让教育充满生命情怀

肖 川

📖 阅读提示

　　这是肖川教授写的一篇随笔。文章通过几个真实事例的剖析，阐述人与人之间的关系，呼吁我们关爱他人，要有博爱精神和人文情怀。

　　文章中的精彩论述和生动的事例能给人以足够的启迪和震撼，引发许多感悟和思考，在阅读过程中要用心体会。阅读这类文章，要整体把握文章的内容和风格，提炼作者的主要观点，品味妙语佳句，还要敢于发表自己的见解。

　　记得我上学的时候，班上有一个姓陈的女同学，长得非常瘦小、单薄，很明显属于营养不良（这是我上了大学以后才意识到的，当时根本意识不到这点）。有一天，她的同桌说她身上有味，于是就有一些调皮的男同学羞辱她。后来，经常在老师不在场，诸如课间休息的时候，一些同学每当从她身边走过，就说她身上的味道难闻，于是就打她，其他同学也跟着起哄，拿她取乐，你一下我一下，好像根本没有人在意她的感受。她也不回手，任由同学欺侮，她一般都是趴在桌子上哭。这种情况从小学三年级，一直到我们小学毕业（当时学制是小学五年，初中两年，高中两年），我不记得老师出面关注过这件事，也不记得有同学出来制止过这种胡闹，更不记得她的家长为此事来过学校。

我当时个子小小的，坐在前排，也是属于弱小的一类，可我也参与过对这位女同学的欺侮，当时一点也不觉得有什么不妥。现在想起来既羞愧又内疚。每次回老家只要见到小学时的同学，就会问起这位女同学的生活境况，可大家各奔东西，彼此知之甚少。不知道她今天是否过得还好，更不知道那段经历给她的人生带来怎样的影响。

我今天作为一个关注和思考教育的人，觉得我的那位同学是多么不幸，几年里都生活在同学肆意的欺凌之中，这样的生活是多么地灰暗。其实，不幸的又何止是她呢？我们这些欺侮她的同学，幼小的心灵中缺少爱与怜悯，缺乏温暖别人的需要和力量，将自己卑贱的快乐建立在别人的痛苦之上，不也是不幸的吗？在一个人的人格形成期（一般为 0～20 岁），如果有过严重的被人欺侮或欺侮别人的经历，那么就不太容易形成正直、光明和健康的人格。只有在充满温情与仁爱的氛围中，才能生长出和煦、细腻、体贴的心灵。

……

人类世界是由一个个生命组成的，因此，一个健康的社会，必然要将生命看得高过一切。有鉴于此，在我们的教育中，着力培植生命意识，高扬生命情怀，无疑是十分必要的。

思考导航

一、读一读

1．给下面加点字注音。

羁旅　眷念　毛骨悚然　得逞　颠顶　佳肴　掷以残羹

永葆荣华　情愫　戕害　奇瑰　厚尘积垢　洗涤

2．知人论世。

刘心武，当代著名作家，四川成都人。主要作品短篇小说《班主任》，长篇小说《钟鼓楼》（曾获第二届"茅盾文学奖"）。20 世纪 90 年代后，成为《红楼梦》的积极研究者，曾在中央电视台《百

家讲坛》栏目进行系列讲座，对"红学"在民间的普及与发展起到促进作用。

肖川原名肖贵祥，1963 年 1 月 3 日出生，湖南望城人，教育学博士，北京师范大学教育学部教育基本理论研究院教授，英国教育哲学协会会员；北京师范大学课程中心"优秀教师与教育专家合作论坛"首席专家；北京师范大学生命教育研究中心主任；教育部"十一五"规划课题"中小学生命教育的理论与实践研究"首席专家；《人民教育》《中国教育报》等多家媒体特邀作者。出版《教育的理想与信念》等 20 多部著作，在全国各地讲学 1000 余场，受到广泛的好评，是我国生命教育领域的开拓者之一。

二、想一想

1．熟读《十首足矣》，了解文章标题的含义，体会文章的写作主旨。

2．《教育充满生命情怀》中作者列举了哪些事例，你从中得到哪些人生感悟？

三、议一议

作者认为品读唐诗"十首足矣"的理由是什么？你是否同意作者的观点？说说你的看法。

四、写一写

1．请从十首唐诗中挑出自己感悟最深的一首，写一写自己的体会。

2．读了肖川老师的《让教育充满生命情怀》这篇文章后，你一定感触颇深，把你的想法写下来，字数 500 字左右。

五、做一做

利用自习时间，开展唐诗朗诵比赛，看谁读得好，背得多。

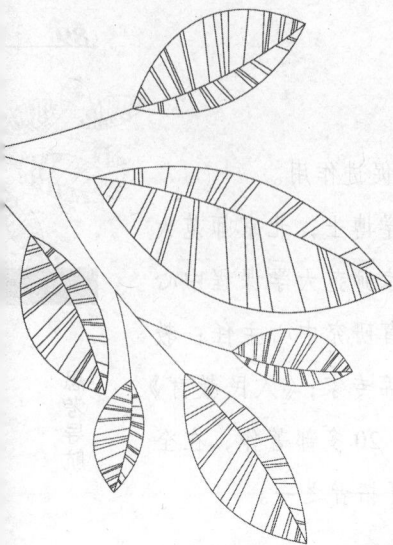

15

生命中的大石头

佚　名

📖 **阅读提示**

　　一粒沙中看世界，半瓣花上说人情。哲理性短文常常借助一些微小的事物来表现大的主题，收到以小见大的效果。本文就是以小小的石头作为构思的触发点，启示大家要先把那些重要的"大石块"解决好，然后再一步步去解决人生其他一些问题，切莫被眼前的小沙子遮住视线，或缠住身躯，那样你的人生"瓶子"将装不进太多的东西，也将毫无价值。一个人要有人生目标，不管是远大的还是现实的、渺小的，为目标奋斗人生才有意义。那么，今天，现在你可曾试着问自己这个问题：我今生的"大石头"是什么？然后，请把它们先放进你人生的瓶子里。

　　文章语言简洁朴素，明白如话，像一位长者，娓娓道来，循循善诱，让人备感亲切，心悦诚服。阅读时要认真加以体会。

一天，时间管理专家为一群商学院学生讲课。他现场做了演示，给学生们留下一生难以磨灭的印象。站在那些高智商高学历的学生前面，拿出一个一加仑的广口瓶放在他面前的桌上。他说："我们来个小测验"，随后，他取出一堆拳头大小的石块，仔细地一块块放进玻璃瓶里。直到石块高出瓶口，再也放不下了，他问道："瓶子满了吗？"所有学生应道："满了。"时间管理专家反问："真的？"他伸手从桌下拿出一桶砾石，倒了一些进去，并敲击玻璃瓶壁使砾石填满下面石块的间隙。"现在瓶子满了吗？"他第二次问道。

但这一次学生有些明白了，"可能还没有。"一位学生应道。"很好！"专家说。他伸手从桌下拿出一桶沙子，开始慢慢倒进玻璃瓶。沙子填满了石块和砾石的所有间隙。他又一次问学生："瓶子满了吗？""没满！"学生们大声说。他再一次说："很好。"然后他拿过一壶水倒进玻璃瓶直到水面与瓶口平。抬头看着学生，问道："这个例子说明什么？"一个心急的学生举手发言："它告诉我们：无论你的时间表多么紧凑，如果你确实努力，你可以做更多的事！""不！"时间管理专家说，"那不是它真正的意思。这个例子告诉我们：如果你不是先放大石块，那你就再也不能把它放进瓶子里。那么，什么是你生命中的大石块呢？与你爱人共度时光，你的信仰，教育，梦想，或是和我一样，教育指导其他人？切记先去处理这些'大石头'，否则，一辈子你都不能做到。"那么，今晚，或许是今晨，你正在阅读这篇短文，可曾试着问自己这个问题：我今生的"大石头"是什么？然后，请把它们先放进你人生的瓶子。

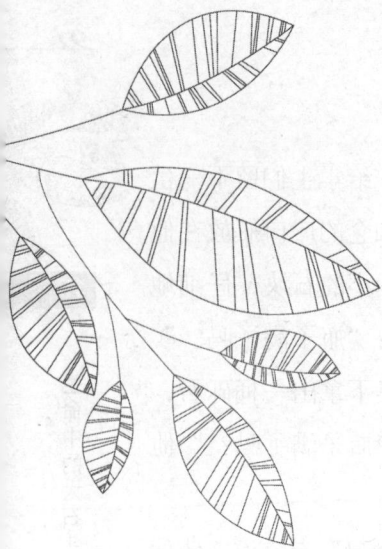

16

精神的三间小屋

毕淑敏

📖 阅读提示

  这是一篇关于人生哲理的散文。毕淑敏在文中说道，人的一生需要为自己修建三间精神的小屋。这三间小屋分别是：第一间，盛着我们的爱和恨。第二间，盛放我们的事业。第三间，安放我们的自身。有了这三间精神的小屋，我们的心灵才有了真正的依靠。文中所说精神的三间小屋不需要我们做到"人的心灵，应该比大地、海洋和天空都更为博大"的名言中所说的那样拥有雄浑的襟怀，也不需要我们做到"宰相肚里能撑船"的那种度量。它只需要我们有一颗大心，能盛得下喜怒，输得出力量。可是即使是以此为例，又有多少人能真正地为自己修建好这三间小屋呢？

  作者从平凡生活中品悟人生。文章以三间小屋为载体，通过对精神的三间小屋的阐述，表现了关注个性、关注自我、关注人的精神生活的思想，阐述了精神追求的内涵及其意义，激励人们关注自我心灵，提升精神境界，使人格得到升华，表现了关注个性、关注自我、关注人的精神生活的思想。

文章的结构一目了然。课文融描写、议论、抒情于一体，蕴涵着丰富的人生哲理，笔墨淡定，意味隽永。阅读时要找出自己感触较深的观点，结合生活实例加以阐述；与同学展开交流讨论，你会怎么安置你的三间小屋？

面对那句——人的心灵，应该比大地、海洋和天空都更为博大的名言，自惭形秽。我们难以拥有那样雄浑的襟怀，不知累积至那种广袤，需如何积攒每一粒泥土，每一朵浪花，每一朵云霓？

甚至那句恨不能人人皆知的中国古话——宰相肚里能撑船，也让我们在景仰之余，不知所措。也许因为我们不过是小小的草民，即便怀有效仿的渴望，也终是可望而不可即，便以位卑宽宥了自己。

两句关于人的心灵的描述，不约而同地使用了空间的概念，人的肢体活动，需要空间。人的心灵活动，也需要空间。那容心之所，该有怎样的面积和布置？

人们常常说，安居才能乐业。如今的城里人一见面，就问，你是住两居室还是住三居室啊？……喔，两居室窄巴点，三居室虽说也不富余，也算小康了。

身体活动的空间是可以计量的，心灵活动的疆域，是否也有个基本达标的数值？有一颗大心，才盛得下喜怒，输得出力量。于是，宜选月冷风清竹木潇潇之处，为自己的精神修建三间小屋。

第一间，盛着我们的爱和恨。

对父母的尊爱，对伴侣的情爱，对子女的疼爱，对朋友的关爱，对万物的慈爱，对生命的珍爱……对丑恶的仇恨，对卑劣的蔑视……这些复杂对立的情感，林林总总，会将这间小屋挤得满满，间不容发。你的一生，经历过的所有悲欢离合、喜怒哀乐，仿佛以木石制作的古老乐器，铺陈在精神小屋的几案上，一任岁月飘逝，在某一个金戈铁血之夜，它们会无师自通，与天地呼应，铮铮作响。假若爱比恨多，小屋就光明温暖，像一座金色池塘，有红色的鲤鱼游弋，那是你的大福气。假如恨比爱多，小屋就阴风惨惨，厉鬼出没，你的精神悲戚压抑，形销骨立。如果想重温祥和，就得净手焚香，洒扫庭院，销毁你的精神垃圾，重塑你的精神天花板，让一束圣洁的阳光，从天窗洒入。

无论一生遭受多少困厄欺诈，请依然相信人类的光明大于暗影。哪怕是只多一个百分点呢，也是希望永恒在前。所以，在布置我们的精神空间时，给爱留下足够的容量。

第二间小屋，盛放我们的事业。

一个人从 25 岁开始做工，直到 60 岁退休，他要在工作岗位上度过整整 35 年的时光。按一日工作 8 小时，一周工作 5 天，每年就要为你的职业付出 2000 个小时。倘若一直干到退休，那就是 70000 个小时。在这个庞大的数字面前，相信大多数人都会始于惊骇终于沉思。假如你所从事的工作，是你的爱好，这 70000 个小时，将是怎样快活和充满创意的时光！假如你不喜欢它，漫长的 70000 个小时，足以让花容磨损日月无光，每一天都如同穿着淋湿的衬衣，针芒在身。

我不晓得一下子就找对了行业的人，能占多大比例。从大多数人谈到工作时乏味麻木的表情推算，估计这样的幸运儿不多。不要轻觑了事业对精神的需养或反之的腐蚀作用，它以深远的力度和广度，挟持着我们的精神，以成为它麾下持久的人质。适合你的事业，不靠天赐，主要靠自我寻找。这不但因为相宜的事业，并非像雨后白桦林中的菌子一样，俯拾即是，并且因为我们对自身的认识，也是抽丝剥茧，需要水落石出的流程。你很难预知，将在 18 岁还是 40 岁甚至更沧桑的时分，才真正触摸到倾心的爱好。当我们太年轻的时候，因为尚无法真正独立，受种种条件的制约，那附着在事业外壳上的金钱地位，或是其他显赫的光环，也许会灼晃了我们的眼睛。当我们有了足够的定力，将事业之外的赘生物一一剥除，显露它单纯可爱的本质时，可能已耗费半生。然费时弥久，精神的小屋，也定需住进你所爱好的事业。否则，鸠占鹊巢，李代桃僵，那屋内必是鸡飞狗跳，不得安宁。

我们的事业，是我们的田野。我们背负着它，播种着，耕耘着，收获着，欣喜地走向生命的远方。规划自己的事业生涯，使事业和人生，呈现缤纷和谐相得益彰的局面，是第二间精神小屋坚固幽雅的要诀。

第三间，安放我们自身。

这好像是一个怪异的说法。我们自己的精神住所，不住着自己，又住着谁呢？可它又确是我们常常犯下的重大失误——在我们的小屋里，住着所有我们认识的人，唯独没有我们自己。我们把自己的头脑，变成他人思想汽车驰骋的高速公路，却不给自己的思维，留下一条细细羊肠小道。我们把自己的头脑，变成搜罗最新信息网络八面来风的集装箱，却不给自己的发现，留下一个小小的储藏盒。我们说出的话，无论声音多么

嘹亮，都是别的喉咙嘟囔过的。我们发表的意见，无论多么周全，都是别的手指圈画过的。我们把世界万物保管得好好，偏偏弄丢了开启自己的钥匙。在自己独居的房屋里，找不到自己曾经生存的证据。

如果真是那样，我们的精神小屋，不必等到地震和潮汐，在微风中就悄无声息地坍塌了。它纸糊的墙壁化为灰烬，白雪的顶棚变作泥泞，露水的地面成了沼泽，江米纸的窗棂破裂，露出惨淡而真实的世界。你的精神，孤独地在风雨中飘零。

三间小屋，说大不大，说小不小。非常世界，建立精神的栖息地，是智慧生灵的义务，每人都有如此的权利。我们可以不美丽，但我们健康。我们可以不伟大，但我们庄严。我们可以不完满，但我们努力。我们可以不永恒，但我们真诚。

当我们把自己的精神小屋建筑得美观结实、储物丰富之后，不妨扩大疆域，增修新舍，矗立我们的精神大厦，开拓我们的精神旷野。因为，精神的宇宙，是如此的辽阔啊。

思考导航

一、读一读

1．给下面加点字注音

砾石　广袤　云霓　宽宥　轻觑　憎恶　游弋　累赘　灼晃　附着

2．知人论世

毕淑敏，著有《毕淑敏文集》四卷，长篇小说《红处方》。毕淑敏真正取得全国性声誉是在短篇小说《预约死亡》发表后，这篇作品被誉为是"新体验小说"的代表作，它以作者在临终关怀医院的亲历为素材，对面对死亡的当事者及其身边人的内心进行了探索，十分精彩。

二、品一品

毕淑敏《造心》："心为血之海，那里汇聚着每个人的品格智慧精力情操，心的质量就是人的质量。有一颗仁慈之心，会爱世界爱人爱生活，爱自身也爱大家。有一颗自强之心，会勤学苦练百折不挠，宠辱不惊大智若愚。有一颗尊严之心，会珍惜自然善待万物。有一颗流量充沛羽翼丰满的心，会乘上幻想的航天飞机，抚摸月亮的肩膀。"

深刻的思想要靠灵动的语言传达，有人评价毕淑敏的语言"炉火纯青，自成一家，似有一种贵族气息，表现出独特的美学风范"，请同学们从文章中找出自己喜欢的句子品味鉴赏，感受其独特的语言风格。

三、议一议

1.《生命中的大石头》中，专家做实验的寓意是什么？你认为生命中的大石头可能是什么？

2. 你认同毕淑敏的"精神小屋"吗？如果我们也来建造自己的精神小屋，你们会盛放哪些内容呢？你会怎么安置你的三间小屋？

四、做一做

这里有一条生命线，请在这条生命线的旁边分别写下你的出生时间、今天的时间和你希望活到多少岁的生命终止的时间。然后站在今天这一点上，以五年为一个单元，回望过去，写下你已装进瓶里的那些大石头；展望未来，写下你新的人生目标。

你出生的时间	年 月 日
现在的时间	年 月 日
生命终止的时间	年 月 日

生命箴言

唯有人的心灵才是最真实的。严格来说，相貌不过是一种面具，真正的人在人的内部。

——雨 果

要散布阳光到别人心里，先得自己心里有阳光。

——罗曼·罗兰

高尚与友谊，忠实与勇敢——这是天赋予人的四个名称。

——季达菲

虽然我们走遍世界去寻找美，但是美这东西要不是存在于我们内心，就无从寻找。

——爱默生

美文欣赏

《我的灵魂》

纪伯伦

我的灵魂同我说话，劝导我爱别人憎恨的一切，劝导我同别人所诽谤的人们友好相处。

我的灵魂劝导我启发我：爱不仅使爱者尊严高贵，而且使被爱者尊严高贵。

我的灵魂劝导教育我洞察那被形式和色彩所遮盖的美，我的灵魂责令我目不转睛地注视着那被认为丑的一切事物，直到我看出美来。

我的灵魂劝导责令我寻求那看不见的事物，向我启示：我们掌握在手里的，便是我们的欲望所追求的。

我的灵魂劝导我，忠告我用这句格言衡量时间："有过一个昨天，并且行将有一个明天。"在短促的现在里，一切时间以及时间中的一切，都完成了，实现了。

我的灵魂劝导我，告诫我：不要因为过分称赞而得意洋洋，不要因为害怕责备而苦恼万分。如今我懂得了这个道理：树木春天开花，夏天结果，秋天落叶，冬天光秃秃——它既不得意洋洋，又不害怕羞臊。

我的灵魂劝导我，使我确信：我不比侏儒高大，也不比巨人矮小。制造我的尘土，必是用以制造众人的同一尘土。我的种种元素就是他们的种种元素。我内在的自我也就是他们内在的自我。我的奋斗就是他们的奋斗，而他们的经历便是我自己的经历。

我的兄弟，我的灵魂劝导我，我的灵魂启发我。而你的灵魂，也时常劝导启发你。因为你像我一样，我们之间并无区别，所不同的，不过是我把在自己沉默时听到的内心里的东西，用语言表达出来罢了。而你，却守卫着你内心的东西——你守得很牢，正如我说得很多一样。

语文课堂生命教育

生命感悟

开卷有益

《瓦尔登湖》①

美国 梭罗

作品简介

《瓦尔登湖》是美国作家梭罗独居瓦尔登湖畔的记录，描绘了他两年多时间里的所见、所闻和所思。

这部著作区别于先前文学作品的第一个特征，是其对自然巨细靡遗的描摹和引申。大至四季交替造成的景色变化，小到两只蚂蚁的争斗，无不栩栩如生地再现于梭罗的生花妙笔之下，并且描写也不流于表浅，而是有着博物学家的精确。

作者无微不至地描述两年多的湖畔独居生活，目的在于通过这次亲力亲为的实验向读者证明：其实不需要很多钱，也能够好好地活着，而且能够快快乐乐地活着。

在今天的中国，有太多的人，为了一日三餐或者三房两厅，过着奔波劳碌、忧心如焚的日子；也许还有同样多的人，他们去澳洲旅游，去欧洲购物，花三千块钱吃一顿饭或者做一次头发，却依然感到空虚和痛苦。但生活其实不必如此。这本《瓦尔登湖》能够让你明白这个道理。

这本书的思想是崇尚简朴生活，热爱大自然的风光，内容丰厚，意义深远，语言生动，意境深邃，就像是个智慧的老人，闪现哲理灵光，又有高山流水那样的境界。

书中记录了作者隐居瓦尔登湖畔，与大自然水乳交融，在田园生活中感知自然、重塑自我的奇异历程。读本书，能引领人进入一个澄明、恬美、素雅的世界。

---

① 参考 http://baike.baidu.com/view/152609.htm? fr=aladdin。

在中国与徐迟

《瓦尔登湖》最早是由徐迟翻译到中国的。那个版本于20世纪80年代中前期由上海译文出版社出版，绿颜色的封皮儿。徐迟是湖北省作协的著名作家，最有影响的作品是报告文学《哥德巴赫猜想》，写陈景润的；《地质之光》，写李四光的。在70年代末"科学的春天"的背景下，它们创造了极大的社会影响，后被选入人教版中学课本。上海译文出版社的这一版本，在国内并没有取得特别大的影响，销量平平。但是1996年年末，82岁的徐迟坠楼（跳楼？）身亡，再次引起人们对《瓦尔登湖》的注目。

与海子

通过海子的一首诗《梭罗这人有脑子》至少有8万人知道了梭罗。海子1989年3月26日卧轨自杀。自杀时身边带了4本书，其中就有一本《瓦尔登湖》。

与苇岸

真正让《瓦尔登湖》为国内出版界全面接受的，还有一个人，就是苇岸。

苇岸1987年从海子处知道《瓦尔登湖》，一连读了两遍，甚为喜爱。苇岸这样写道："当我读到梭罗的《瓦尔登湖》，我的确感到我对它的喜爱超过了任何诗歌。这就是我在诗歌路上浅尝辄止，最终转向散文写作的原因。"《瓦尔登湖》促使了苇岸从诗歌写作转向散文写作，梭罗成为苇岸散文写作的一个重要的精神源头之一。

认识作者

亨利·戴维·梭罗（1817—1862），美国作家、思想家、自然主义者。著名散文集《瓦尔登湖》和论文《论公民的不服从权利》（又译为《消极抵抗》《论公民的不服从》）的作者。

1817年7月12日出生在波士顿附近超验主义思想运动中心康科德村，父亲是小业主。20岁于哈佛大学毕业（1837年），曾任教师，从事过各种体力劳动。在学生时代与拉尔夫·沃尔多·爱默

生（Ralph Waldo Emerson）相识，在爱默生的影响下，阅读柯尔律治、卡莱尔等人的著作，研究东方的哲学思想，同时以爱默生倡导的"自助"精神进行思考，形成了一套独立见解。

梭罗的著作都是根据他在大自然中的体验写成。1839 年他和哥哥在梅里马克河上划船漂游，写成《在康科德与梅里马克河上一周》（1849），发表了他对自然、人生和文艺问题的见解。他的代表作《瓦尔登湖，或林中生活》（1854）记录了他于 1845—1847 年在康科德附近的瓦尔登湖畔度过的一段隐居生活。在他笔下，自然、人以及超验主义理想交融汇合，浑然一体。他是 19 世纪超验主义运动的重要代表人物。

梭罗语录

1. 人生的必需品，就是人类需要依靠努力才能获得的一切：食物、衣服和住所。

2. 人性中最美的品质，就像果实上的霜，必须小心翼翼才可以保存下来。但是，现在人和人之间正好就缺乏这种温情。

3. 一个人对自己的看法，就决定了他自己的命运，或者说，指明了他的最终归宿。

4. 只有真正地工作之后，才会有真正的娱乐。不做没有希望的事情，才是真正的智慧。

5. 不论何时，随时纠正我们的偏见都不算晚。

6. 解决生命问题，不仅要在理论中埋头，还要更多地从实践出发。

7. 当付出的劳动换来的只是痛苦，这种时候，痛苦本身就是劳动的报酬。

8. 如果要别人来买你的篮子，你必须要让人觉得你的篮子是值得买的，或者做些让别人觉得有价值的其他东西也可以。

9. 我们不应该对自己过分关心，这样才可以把这些关心真诚地给予其他人。

10. 人的需求，不一定要应付什么事业，而是要有所作为。

11. 我们为什么总是考虑怎样去得到更多的这类东西，而不能适当、适时地减少一些对这类东西的渴求呢？

12. 导致房子很别致的，不是它们的外表，而是房子里面的居民生活。

13. 他们不应该对人生仅仅采用一种游戏或研究的态度，而是应该自始至终真诚地体验生活。

14. 一个人获得的其实就是另一个人失去的。

15. 不要充当穷人的先知。而是要勤奋，努力成为世界上一个有价值的人。

16. 必须多思考，更勇敢，更大度、仔细地去研究每个字和每句话的言外之意。

《追风筝的人》①

卡勒德·胡赛尼

内容梗概

故事发生在阿富汗，从童年开始讲起，12 岁的阿富汗富家少爷阿米尔与仆人哈桑情同手足。然而，在一场风筝比赛后，他们两人得了冠军。哈桑为给阿米尔追回落下的风筝，受到了一个经常辱骂"他父亲"的孩子阿塞夫的侮辱。这些都被阿米尔看在眼中，但是他没有勇气出面救哈桑。阿米尔的心理发生了变化，他为自己的懦弱感到自责，愧疚和痛苦，不再跟哈桑要好，后来还想办法诬陷哈桑偷了自己的手表与钱。虽然阿米尔的父亲原谅了哈桑，但是哈桑的父亲阿里（管家）还是带着哈桑离开了。随后，苏军侵略阿富汗，阿米尔的父亲带着阿米尔逃到了美国，并将家里的房子托付给一个朋友和生意的合伙人拉辛汗看护。

成年后的阿米尔始终无法原谅自己当年对哈桑的背叛。为了赎罪，阿米尔再度踏上睽违二十多年的故乡，希望能为不幸的好友尽最后一点心力，却发现一个惊天谎言。儿时的噩梦再度重演，阿米尔该如何抉择？

认识作者

卡勒德·胡赛尼（Khaled Hosseini），1965 年生于喀布尔，后随父亲逃往美国。胡赛尼毕业于加州大学圣地亚哥医学系，现居加州执业。《追风筝的人》是他的第一本小说，因书中角色刻画生动，故事情节震撼感人，出版后大获好评，获得各项新人奖，并跃居全美各大畅销排行榜，已由梦工厂改拍成电影。

---

① 参考 http://baike.baidu.com/subview/332602/5814440.htm。

胡赛尼本人更因小说的巨大影响力，于 2006 年获得联合国人道主义奖，受邀担任联合国难民署亲善大使，促进难民救援工作。

点评鉴赏

巧妙、惊人的情节交错，让这部小说值得瞩目，这不仅是一部政治史诗，也是一个关于童年选择如何影响我们成年生活的极度贴近人性的故事。单就书中的角色刻画来看，这部初试啼声之作就已值得一读。从敏感、缺乏安全感的阿米尔到他具有多层次性格的父亲，直到阿米尔回到阿富汗之后才逐步揭露父亲的牺牲与丑闻，也才了解历史在美国和中东的分岔……这些内容缔造了一部完整的文学作品，将这个过去不引人注意、在新千年却成为全球政治焦点的国家的文化呈现在世人面前，同时兼具时代感与高度文学质感，极为难能可贵。

——《出版商周刊》

本书偏重个人的情节，从阿米尔与他父亲仆人儿子哈桑的亲密友谊开始，这段感情成为贯穿全书的脉络。这两个男孩所放的风筝，象征了他们之间关系的脆弱，在往日生活消逝之际，备受考验。作者笔下的阿富汗温馨闲适，却因为不同种族之间的摩擦而出现紧张。书中充满令人萦回难忘的景象：一个为了喂饱孩子的男人在市场上出售他的义腿；足球赛中场休息时间，一对通奸的情侣在体育场上活活被石头砸死；一个涂脂抹粉的男孩被迫出卖身体，跳着以前街头手风琴艺人的猴子表演的舞步。

——《纽约时报》

极为动人的作品……没有虚矫赘文，没有无病呻吟，只有精炼的篇章……细腻勾勒家庭与友谊、背叛与救赎，无须图表与诠释就能打动并启发吾人。作者对祖国的爱显然与对造成它今日沧桑的恨一样深……故事娓娓道来，轻笔淡描，近似川端康成的《千只鹤》，而非马哈福兹的《开罗三部曲》。作者描写缓慢沉静的痛苦尤其出色。

——《华盛顿邮报》

敏锐，真实，能引起人们的共鸣。《追风筝的人》最伟大的力量之一是对阿富汗人与阿富汗文化的悲悯描绘。作者以温暖、令人欣美的亲密笔触描写阿富汗和人民，这是一部生动且易读的作品。

——《芝加哥论坛报》

作者以极其敏锐的笔触让他的祖国栩栩如生。他深入描绘阿富汗移民在哀悼失去祖国、努力融入美国生活之际，仍然根深蒂固的传统与风俗。此书是一部睿智并发人深思的小说：赎罪并不必然等同幸福。

——《休斯敦纪事报》

既表现对说故事的热爱，也展现文学写作的功力，是具备得奖特质的大气之作。这部小说最吸引人的部分之一是简单的记述文体。就像哈金那部描写爱情、政治与阶级问题的小说《等待》一样，本书以真实的故事洗涤读者的心灵。

——克利夫兰平原经销商

一部扣人心弦的感人作品，给人带来意想不到的收获：了解并悲悯阿富汗的人民。这本书的力量来自作者让文化在书页上栩栩如生的功力，让人爱不释手。

——《爱荷华城市新闻》

生动描绘三十年前的阿富汗。

——《华尔街日报》

作者以相同的沉着笔调处理温情与恐怖、加州美梦与喀布尔梦魇……非常出色的故事与道德寓言。

——《加拿大环球邮报》

相关书评

每个人心中都有一个风筝——李继宏

如今印刷技术发达，每年出版的书籍汗牛充栋，数以十万计，如何才能挑选自己喜欢的图书呢？通常，判断一本从未看过的书是否值得买，可以依靠两个标准：一是口碑，二是销量。幸得有网络，我们才能轻而易举地利用这两个标准来进行筛选。

以亚马逊美国站的文学类图书排行榜为例。在这个排行榜的前100名中，我们既可以找到《达芬奇密码》《维纳斯的诞生》这样让作者赚得盆满钵满的畅销书，也能见到《一九八四》《简爱》等举世公认的文学经典。当然，我们都知道，销量好的书未必质量也好，所以除了看排名之外，还得借鉴相关读

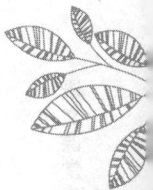

者评价。

在前 100 名中,读者评论超过 1200 篇而相应等级达到四星以上的图书有四本,按畅销程度排名依次为《The Kite Runner(追风筝的人)》《艺妓回忆录》、《杀死一只知更鸟》《一九八四》。如果我们把前 100 名缩减为前 50 名,乔治·奥威尔的代表作就落选了。如果我们再加上一条,自出版以来稳居前三名,那么就只剩下《The Kite Runner(追风筝的人)》。

《The Kite Runner(追风筝的人)》的主角是阿米尔,侨居美国的阿富汗人,年近不惑。2001 年夏天,阿米尔接到父亲拉辛汗的电话。拉辛汗行将就木,乞求阿米尔赴巴基斯坦见他最后一面。这个电话让阿米尔回忆起居住过的喀布尔,想起他故去的父亲,他家的仆人阿里,当然,还有童年的玩伴哈桑。

阿米尔的父亲是喀布尔屈指可数的富商巨贾,而哈桑是仆人阿里的儿子。阿米尔聪慧过人,性格软弱;哈桑目不识丁,勇敢正直。然而他们从小一起长大,由于两人都自小没有母亲,甚至还由同一个奶妈哺乳。他们成为了彼此最好的朋友共同度过了 11 年的美好时光。

12 岁那年,阿米尔和哈桑参加了阿富汗传统的斗风筝比赛。阿米尔将对手统统打败,成为最后那只在天空中翱翔的风筝的主人。而要赢得最终的胜利,还必须追到被他最后割断的风筝。哈桑是当地最出色的追风筝高手,他替阿米尔去追,他承诺阿米尔要追到:"为你,千千万万遍。"风筝追到了,哈桑却惨遭横祸。阿米尔目睹一切,性格软弱的他选择了袖手旁观,选择了充满疚恨懊悔的生活。为了摆脱内心的折磨,阿米尔再次错误地选择了逼哈桑离开家门。随后,战争爆发,阿米尔和他父亲亡命出逃,离乡背井地到了美国,开始了他的新生活,结婚,埋葬相依为命的父亲,成为崭露头角的作家。

拉辛汗的电话唤起了阿米尔童年的痛苦,却也为他指明了方向:"那儿有再次成为好人的路。"为了赎罪,阿米尔登上了前往巴基斯坦的飞机。然而到了巴基斯坦,却是奇峰突起,哈桑早已死于非命,遗留下幼小的儿子,孤零零地寄居在喀布尔的孤儿院。此时拉辛汗透露了一个惊天秘密,彻底摧毁了阿米尔对童年的体验和回忆。一番挣扎之后,阿米尔决意冒着生命危险,去寻找哈桑的儿子……

和西方其他畅销书动辄以爱情为噱头吸引读者不同,《The Kite Runner(追风筝的人)》虽然也穿插了部分爱情描写,但本质上是一部关于亲情和友谊的小说。自 2003 年出版以来，几乎囊括英语世界所有文学新人奖，曾经创下同时占据九大图书排行榜榜首长达数十周之久的纪录，除了上述网络销售的惊人业绩外，迄今仍停留在《纽约时报》平装本小说排行榜上，并且被翻译成数十种文字，在各个国家地区——从美国到英国，从法国到意大利，从中国台湾到巴西——风行不息。这不可谓不是异数。是什么让这本并不给予读者发财致富的灵妙法门的图书，如此跨越文化、跨越种族，深深地打动全世界各地亿万读者的心呢？

那是因为，在《The Kite Runner（追风筝的人）》中，风筝是象征性的，它既可以是亲情、友情、爱情，也可以是正直、善良、诚实。"追风筝的人"既是哈桑，也是阿米尔，更是我们每个人。对阿米尔来说，风筝隐喻他人格必不可少的部分，只有追到了，他才能成为健全的人，成为他自我期许的阿米尔。而我们，所有的读者，难道心中对自己没有一个完美的期许吗？我们被《The Kite Runner（追风筝的人）》打动，我们为哈桑的悲惨遭遇伤心欲绝，我们为阿米尔的犹豫不决痛心疾首，我们为"爸爸"的能屈能伸暗自赞叹，我们为拉辛汗的一世坎坷唏嘘难胜，并且我们最终为阿米尔终于追到了他的风筝庆幸不已，难道不是因为我们每个人心中都有一个尚未追到的风筝吗？

当然，我们从来不缺乏说教的作家，恰恰相反，我们从小被强迫看了太多类似的书籍，甚至已经产生出强烈反感；我们也从来不缺乏给人希望的、煽情的故事，毕竟，如今国内海外不是有那么多入流或未入流的作者，世事洞明或为赋新词地写出欢天喜地或撕心裂肺的拙劣或者精致的文字，试图从我们口袋里掏钱吗？但《The Kite Runner（追风筝的人）》之所以能够成功地将小说中的角色、际遇和心理活动投射到读者的阅读体验乃至个人经历中，是因为作者卡勒德·胡赛尼罕有很好的叙事技巧和驾驭长篇小说的能力。

单纯从叙事技巧上看，很难相信《The Kite Runner（追风筝的人）》是卡勒德·胡赛尼的处女作。书中几乎没有一个多余的句子，每个场景，乃至每句对话，都为后面情节的发展埋下了伏线。阿米尔的父亲在种花的时候突如其来的勃然大怒原来是因为后来揭露的惊天秘密；在巴基斯坦某个茶馆看到的桌子却原来暗示了阿米尔后来免于一死的契机。我们不断阅读，不断产生疑问，不断恍然大悟；而这种阅读过程中的瞻前顾后，使得这本 20 余万字的小说浑然一体，一旦看了个开头，就再也放不下。

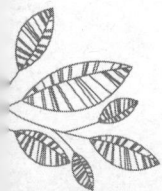

《The Kite Runner（追风筝的人）》给读者提供的，并非只有这种阅读快感。书中对情景的描写栩栩如生，对人物的构建跃然纸上，对心理的刻画入木三分，对情节的处理游刃有余。身为本书的译者，我清楚地记得，胡赛尼是如何通过情景的白描让我身临远在万里之外的喀布尔，是如何利用人物的举止言谈让我和他们一一会面，是如何处理心理的张力让我患得患失，是如何切换场景延迟了情节的高潮。我不会忘记，在翻译过程中，有多少次为了哈桑而情不自禁地泪流满面，有多少次因为"爸爸"而获得了信心和力量，有多少次为了阿米尔的妻子索拉雅而会心微笑。

没有任何文学作品可以脱离时代背景而不朽，《The Kite Runner（追风筝的人）》也一样。如果卡勒德·胡赛尼只是把小说局限在几个人的恩怨情仇上，那么《The Kite Runner（追风筝的人）》立即就会沦为无病呻吟的失败之作。在小说中，胡赛尼给我们描绘了一个饱满而丰富的阿富汗，历史和现实天衣无缝地融合为小说人物的生活背景。我们从中看到了种族和种族的冲突，看到了宗教和宗教的矛盾，看到了文化和文化的融合，看到了个人感情和社会制度的对立，总而言之，我们看到了真实的生活世界，看到了时代的节奏和变迁。

在这里，我没有意图将《The Kite Runner（追风筝的人）》言过其实地吹嘘成为无懈可击的文学经典。实际上，阻碍这本书成为经典作品的是原文的语言水平。胡赛尼的英文称得上流畅，但词汇贫乏，句子简单，甚至不时出现病句。而语言作为评价小说的重要因素之一，永远是不能够被忽略的。同样是寓居美国的外裔人士，较之于纳博科夫的诡谲万端和繁复异常，较之于库切的返璞归真和大巧若拙，胡赛尼的英文水平显得如同小学生那样幼稚。这也是《The Kite Runner（追风筝的人）》唯一为人诟病的所在。

剩下的，还是交给《The Kite Runner（追风筝的人）》，让文本自己说话。也许每个人心中都有一个风筝，无论它是什么，希望读者在看完《The Kite Runner（追风筝的人）》之后，都能够勇敢地追。